乐山师范学院出版基金资助

小学英语课堂教学资源优化整合的理论与实践

曾正平◎著

西南财经大学出版社

中国·成都

图书在版编目(CIP)数据

小学英语课堂教学资源优化整合的理论与实践/
曾正平著.--成都:西南财经大学出版社,2025.7.
ISBN 978-7-5504-6731-6

Ⅰ.G623.312

中国国家版本馆 CIP 数据核字第 20254JA098 号

小学英语课堂教学资源优化整合的理论与实践
XIAOXUE YINGYU KETANG JIAOXUE ZIYUAN YOUHUA ZHENGHE DE LILUN YU SHIJIAN

曾正平　著

责任编辑:石晓东
助理编辑:王晓磊
责任校对:张　博
封面设计:墨创文化
责任印制:朱曼丽

出版发行	西南财经大学出版社(四川省成都市光华村街55号)
网　　址	http://cbs.swufe.edu.cn
电子邮件	bookcj@swufe.edu.cn
邮政编码	610074
电　　话	028-87353785
照　　排	四川胜翔数码印务设计有限公司
印　　刷	成都金龙印务有限责任公司
成品尺寸	170 mm×240 mm
印　　张	13.5
字　　数	233 千字
版　　次	2025 年 7 月第 1 版
印　　次	2025 年 7 月第 1 次印刷
书　　号	ISBN 978-7-5504-6731-6
定　　价	78.00 元

前　言

在新时代背景下，基础教育课程改革不断深化，对小学英语教学提出了更高要求。自2001年我国基础教育课程改革实施以来，教育部颁布的多个版本的课程方案和课程标准，均对课程资源的开发与利用提出了明确要求和指导性意见。这些纲领性文件的相继出台，无疑凸显了课程资源在课堂教学实践中的关键支撑作用，同时也为小学英语课堂教学资源的使用指明了方向。然而，当下小学英语课堂教学资源的现实境况，却存在诸多不容忽视的问题。一方面，有的教师依赖自我经验、缺乏理论指导，大量优质的教学资源未能得到充分有效的利用，白白闲置，造成了极大的资源浪费；另一方面，有的教师对教学资源的认知存在偏差，他们对课堂教学资源的内涵、类型及价值缺乏准确理解，导致其无法精准选择且充分挖掘资源的功能与价值。更为关键的是，一些教师在合理配置和利用教学资源方面的能力亟待提升，他们尚未掌握有效的资源整合方法与技巧，很难有机融合各类教学资源，以最大化地发挥其教学效能。综上所述，这些问题在一定程度上限制了小学英语教学的进步与发展，也直接影响着小学生核心素养的提升。

有鉴于此，本书应运而生。本书聚焦小学英语课堂教学资源的优化整合，旨在为小学英语教师提供相关的理论与实践指导。全书共分为8个章节。本书在开篇伊始，对英语课堂教学资源进行了定义，分析了其类型、特点以及在教学中所发挥的功能和价值，同时着重强调了优化整合资源的必要性，为后续的深入探讨奠定了坚实基础。

在理论层面，本书主要依据复杂动态系统理论、社会文化理论、生态给养理论以及教学目标设计理论等前沿理论，深入阐述了课堂教学资源优化整合的实践过程与原则，并提供了一种课堂教学资源优化配置结构与效益的分析思路。在此基础上，本书分别针对语音、词汇、语法、听说、阅读和写作六大教学板块，以译林版、沪教版、外研版与人教版小学英语教材为例，开展了相应的实践研究。这些研究不仅包括对课标与教材中教学内容的解读，还包括对教材教学资源功能与价值的挖掘，同时也涉及课堂非教材资源的合理使用，从全方位、多角度地展示了课堂教学资源优化整合的过程要素与特点。值得一提的是，本书每个章节都将案例分析作为一个不可或缺的关键环节。通过真实的案例呈现，本书将抽象的理论知识与具体的教学实践紧密相连，使读者能够直观地感受到教学资源优化整合在实际教学中的成效。这些案例不仅可以为小学英语教师提供教学借鉴，还可以为他们在日常教学中灵活运用各种教学资源提供一些启示，进而推动小学英语教学的不断发展。

本书是乐山师范学院科研培育项目"成渝经济圈基础外语教育生态与资源聚合研究创新团队"（编号：KYCXTD2023-6）和乐山师范学院基础外语教育发展研究中心课题"学习活动观框架下促进学生学习的小学英语课堂评价研究"（编号：LSJW2022-W05）的阶段性研究成果。

由于编写能力与专业知识的局限，本书中难免存在一些不足之处，殷切期望广大读者不吝赐教，提出宝贵的修改意见。

乐山师范学院　曾正平

2025 年 2 月

目　录

1 英语课堂教学资源概述

1.1 英语课堂教学资源的定义与内涵

教学资源是教育领域中一个至关重要的概念，不同学者从不同角度给出了不同的解释。在《教育大辞典》中，顾明远（1990）提出，"教学资源是支持教学活动的各种资源，主要包括教师、学生学习小组、家长、社会成员等人力资源，传统媒体、现代媒体和各种教学辅助设施等非人力资源，以及各种社会教育机构，如图书馆、博物馆、少年宫等"。徐继存、段兆兵、陈琼（2022）从课程角度提出，教学资源是课程设计、实施和评价等整个课程编制过程中可资利用的一切人力、物力以及自然资源的总和。同时，他们还指出，教学资源不仅限于学校内部，还包括家庭和社会中所有有助于提高学生素质的资源。杨晓奇（2014）从教学资源的优化配置角度出发，认为教学资源是指在学校教育中，围绕教学活动的开展，为实现教学目标、优化教学活动、提升教学品质而参与其中且能被优化的所有教学要素的总和。从表现方式来看，这些教学资源要素既包括显性的、隐性的，也包括动态生成的。基于上述定义，陈新忠（2022）认为，教学资源是服务于教学的各种资源，呈现出多样性，不仅包括教材、教室、网络等非生命载体的资源，还包括教师、学生等生命载体的资源。此外，他还指出，教学资源还应包括在教学中生成的各种事件等。教学资源在课堂教学中占据着举足轻重的地位，不同学者从多维视角出发，为其赋予了丰富的内涵。顾明远、徐继存等学者强调了教学资源的全面性与多样性，涵盖了人力资源、非人力资源以及社会教育机构等多个方面。杨晓奇从这些资源的合理配置入手，强调通过对教学资源的优化整合，让其能在教学活动中充分发挥作用，促进教学目标的达成以及教学品质的提升。而陈新忠着重突出教学资源服务教学的核心用途，并且聚焦教学的动态过程，把教学中所生成的各种情景与事件均纳入教学资源范畴，这扩大了教学资源的内涵与外延。这些定义共同揭示了教学资源作为达成教学目标、实现教学意图的重要支撑，为英语课堂教学实践提供了有益的启示。

在英语学科领域，课堂上所能使用的教学资源绝不止教科书一种。英语学科的发展经过百年的历程，英语教学资源至少包括纸质的教学材料、电子教学资源、数字化教学资源和混合式教学资源四类。《义务教育英语课程标准（2022 版）》（下文简称《2022 版义教课标》）提出，英语课程资源包括教材及有利于学生学习和教师教学的其他教学材料、支持系统和教学环境，如音像资料、直观教具和实物、多媒体软件、广播电视节目、数字学习资源、报刊，以及图书馆、学校教学设施和教学环境；还包括人的资源，如学生、教师和家长的生活经历、情感体验和知识结构等。尽管《2022 版义教课标》所提及的是课程资源，然而其分类与教学资源的类别大体相同，只是更凸显英语学科的特性。实际上，教学资源是课程资源在课堂教学实践中的具体应用形式。课程资源作为一种有待激活的"潜在"教学资源而存在，其具备促进教学与学习的双重价值与功能，在教学过程中发挥着不可或缺的作用。依据教学资源的重要程度与使用频率，Hadfield（2008）创建了集现代媒体资源与传统媒体资源以及物力资源与人力资源于一体的课堂教学资源金字塔（见图 1-1）。其中，最底层是多媒体学习环境（语言实验室、视频、计算机与多媒体）和教学辅助手段（录音机、投影仪和复印机），中间层包含白板与书籍、纸与笔及黑板，最高层包括真实生活实况和人力资源。需要指出的是，教师想要取得教学成功并非必须依赖所有的优质数字技术资源。正如有人说："倘若你在沙漠之中仅凭借一根教鞭无法开展教学活动，那么便意味着你实际上不会教书。"在此情形下，教师究竟应当如何抉择在何种时机以及以何种方式运用多种多样、丰富多彩的课堂教学资源？这一问题的深入探究对于优化教学策略、提升教学效能具有极为重要的理论与实践意义，值得深入思考与研究。

图 1-1 课堂教学资源金字塔

1.2 英语课堂教学资源的类型与特点

由于划分标准不同，教学资源的分类也不一样。吴刚平（2001）从空间、功能与技术三个视角出发，构建了一个全面的教学资源体系。虽然此体系并不针对具体学科，但是它值得参考与借鉴，只需要充分考虑英语学科的特点和需要。教学资源的分类见表 1-1。

表 1-1 教学资源的分类

维度	类别	示例
空间分布	校内资源	教师资源、物质资源、财力资源
	校外资源	家庭资源、社会资源、自然资源、公共网络资源
功能特征	素材性资源	生命载体：教师、教育管理者、学科专家、课程专家、学生、家长、社会人士 非生命载体：课程计划、课程标准、课程指南、教学用书、参考资源、学习辅导资料、练习册、音像制品
	条件性资源	有形资源：设备、设施、场地、教学用具等 无形资源：时间、时机、氛围、环境

表1-1（续）

维度	类别	示例
技术支持	计算机多媒体资源	演示工具、个性化学习工具、协作学习工具、信息加工和认知工具、学习交流工具、计算机课程
	网络资源	网络课程资源库、课程实施平台、学生学习平台、网络教育和远程教育

从空间分布维度划分，教学资源可以划分为校内资源与校外资源两大类别。校内资源主要包括教师、物质设施以及财务投入三个关键部分，而校外资源则广泛覆盖了图书馆、博物馆、展览馆、科技馆、青少年活动中心等各种社会资源以及丰富的自然资源。在英语课堂教学中，校内资源的关键地位与重要价值不言而喻，其中教师资源更是占据着核心地位。从功能视角出发，依据既定的教学目标，教师资源对于物质资源价值的深度挖掘以及功能的充分发挥，起着至关重要的催化作用。教师资源与物质资源并非孤立存在，而是相互交融、协同共生，共同构建起英语课堂教学资源体系的核心架构，进而对教师的教学实践与学生的学习成效产生综合性的影响。以课堂用语为例，其作为教师资源的重要外在表现形式之一，对于物质资源价值与功能的发挥，起着显著的促进作用。当教师在教学过程中运用教具（如单词卡片、模型、实物等）时，若能匹配准确且合理的课堂用语，便可以发挥教具的最大功能。例如，在开展水果类单词的教学活动时，教师一边展示水果卡片，一边运用清晰、简洁且富有韵律的课堂用语进行单词的教授，如"Look at this card. What's this? It's an apple. Red and round, an apple."通过这种方式，学生能够将视觉上所感知的教具信息与听觉上所接收的语言信息紧密关联，从而有效加深对单词的记忆与理解程度。在此过程中，教具也从单纯的展示工具成功转变为高效的教学辅助手段，显著增强了教学的直观性与趣味性，有力地推动了学生学习效果的提升，充分彰显了教师资源与物质资源协同作用的重要价值与积极意义，为英语课堂教学质量的提高提供了有力保障。

从功能特征维度划分，教学资源可以分为素材性资源和条件性资源。素材性资源以生命载体和非生命载体的形式表现出来。就英语学科而言，作为教学材料的实物形式，非生命载体的素材性资源主要表现为教材、教参、学习辅导书、英语分级读物、英语音像材料以及英语学习软件等；而生命载体的素材性资源则是教师与学生的生活经验、情感态度与价值观、知识与技能等。条件性资源包括时间、场地、设备、设施和环境等要素，它们为教学活动的顺利开展提供必要的环境条件支持。在英语课堂中，素材性资源与条件性资源应有机结合在一起，共同支持学生核心素养的培养。例如，在教授包括食物名称、国家名称、价格询问等核心词汇与句型之后，一位教师设计了一堂以"国际美食文化节"为主题的综合实践活动课。本节课通过模仿美食文化节场景，实现了条件性资源与素材性资源的深度融合。在课前，教师将教室装扮成美食街，每个角落代表一个国家的美食文化，并通过音视频让学生沉浸于异国风情的体验之中。在课中，在教师引导下，学生借助自制美食海报，运用所学词汇与句型进行模拟售卖与互动对话。在整个活动过程中，学生不仅在英语语言能力方面得到了锻炼，还深切地体会到了跨文化交流的乐趣，培养了团队合作能力。

从技术支持维度来看，随着信息化技术的迅速发展，教学资源逐渐从传统媒体转向信息化、数字化与智慧化的现代媒体。目前，可用于英语教学的现代媒体资源越来越丰富。这些资源既可以用被用作素材性资源，也可以被视为条件性资源。在当前英语课堂教学环境中，影响最大的是多媒体资源。合理运用多媒体不仅可以提升学生的学习兴趣与参与度，还能创设逼真的语言情景，可以将抽象的语言规则、词汇意义通过图像、动画、声音等多种感官刺激形式直观地展现出来，帮助学生建立语言与实际情景之间的直接联系，促进理解和记忆。例如，当教授动物名称相关的词汇时，老师可以借助多媒体课件展示相关动物的图片或视频，配以生动的音效和简短的英文介绍，让学生在视觉和听觉的双重作用下，轻松掌握单词的发音、拼写及基本含义。此外，多媒体还能为小学英语课堂带来跨文化交流的体验。教师可以利用网络资源，如英语儿歌、故事、文化短片等，让学生感受不同国家的风土人情，培养跨文化意识。值得注意的是，在运用多媒体时，教师应注意多媒体灵活性不够、再现能力差的缺点，注重适度原则，避免过度依赖多媒体而忽视了师生之间的交流。

吴刚平（2001）从空间、功能和技术视角讨论了课堂教学资源的分类。这三个视角的资源相互交叉。比如，计算机媒体既是条件性资源，也是素材性资源；校内资源中的学生与教师资源是生命载体的素材性资源，而物质资源是非生命载体的素材性资源；校外资源中的网络资源既可以是一种素材性资源，也可以是一种条件性资源。总而言之，吴刚平关于课堂教学资源分类的讨论，为我们提供了一个全面审视教学资源的视角。本书主要从功能视角出发探讨语音、词汇、语法、听说、阅读与写作等不同课型中教学资源的使用。

1.3　英语课堂教学资源的功能与价值

英语课堂教学资源的功能与价值指的是不同资源在实现教学目标、支持教学活动顺利开展所起的作用，以及带来的效果和影响（见图1-2）。在教学设计过程中，教师应该重视教学资源功能与价值的充分挖掘，结合教学活动的意图，以学习发生为核心，对资源进行深度的二次加工，从多维度、多层面将其转化为不同的教或学的形式，最大化地利用资源，从而促进教学目标的达成。

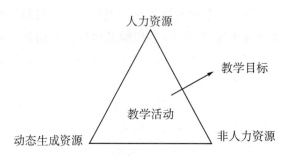

图1-2　英语课堂教学资源的功能与价值

从服务于核心素养的培养目标来看，英语教学资源不仅是核心素养培养的内容载体，也是核心素养培养的中介调节支架。从教学内容而言，教学资源是学习内容载体，如教科书、英语绘本、英语报刊等素材性课程资源，其承载着用于培养学生语言能力、文化意识、思维品质和学习能力的内容素材。那么，在备课时，教师需要挖掘所选或可选教学资源所蕴含的培养学生核心素养的内容素材。从中介调节作用而言，课堂教学资源起着中介支架的作用，如教具、实物、多媒体等素材性教学资源，以及设备、场地、时间、环境等条件性资源。基于此角度，教师应当挖掘这些资源支持在核心素养培养目标方面的功能与价值。

从服务于教学活动的开展来看，教学资源是教学活动开展的条件与载体。当教学活动意图不同时，所用教学资源的功能与价值也不一样。总体而言，教学资源可以用于导入话题、呈现语言、操练与运用语言等。在使用英语学习活动设计与开展教学时，教师可以针对学习理解、应用实践和迁移创新三类活动明确并匹配它们各自不同的目标和意图，充分挖掘课堂教学资源所蕴含的功能与价值，将其转化为不同的教学与学习形式。在学习理解类活动中的感知与注意层面，教师可以采用多媒体创设主题情景导入，使用直观教具、简笔画或实物激活学生已有的知识与经验，呈现新的目标词汇与句式，使学生建立旧知与新知之间的关联关系，产生学习动机，形成学习期待；在获取与梳理、概括与整合层面，教师要善于使用信息结构图或思维导图多种资源工具，引导学生将零散的文本信息相互关联起来，形成新的知识结构。在应用实践类活动中，教师可以借助文本、板书、图片等非生命载体资源和同伴资源帮助学生内化新知，加深对文本的理解，巩固结构化知识。在迁移创新类活动中，教学资源可用于探究主题的意义，以及用来理性表达情感、态度和观点。不同教学资源有着不同的功能，但同一教学资源也可以在多个教学活动中发挥不同作用。例如，在使用传统媒体卡片来呈现新的语言知识后，教师可以继续利用这些卡片开展不同的词汇内化活动，如"听与指""听与排序""听与演"，甚至开展相关的输出活动。然而，一节课并不是教学资源越多越好，过多的教学资源可能会分散学生的注意力，增加他们的认知负担，混淆学习重点，从而降低他们的学习效果。

1.4　英语课堂教学资源优化整合的必要性

英语课堂教学资源的优化整合是指教师基于教学目标和学生的多样化学习需求，精心筛选、科学调整、持续改进与合理配置，将已有的、可获取的以及潜在的各种教学资源，如教科书、教辅材料、教具、多媒体课件、网络资源、学生资源、教师资源、家长资源、社区资源等，进行有机地融合，构建一个既全面覆盖各类教学资源又突出个性特色的教学资源生态系统。教师可以通过优化配置剔除冗余、低效的资源，提升资源的针对性与实效性，同时促进不同资源间的相互补充与协调。优化整合小学英语课堂教学资源，对于促进教师的教学和学生的学习至关重要。

（1）教学资源的优化整合对于有效实施英语课程的至关重要。教学资源的充足和合理配置是确保课程有效实施的关键要素。缺乏科学、合理、经济、便捷的教学资源支持会导致教学效果不佳，难以达成教学目标。因此，精心整合各类教学资源、优化资源配置，是确保小学英语课堂教学有效性的必然选择。

（2）优化整合是提高教学资源效率和利用率的重要手段。教师应该充分挖掘已有或可选教学资源的功能与价值，对其进行深度加工，并从多维度、多层面将其转化为不同的学习或教学形式，最大化地利用资源，提高所选教学资源的效率和使用率，避免资源的闲置与浪费。

（3）优化整合是提高各种教学资源之间协同效应的重要条件。在通常情况下，一种教学资源无法达到特定的教学目标，需要与其他资源进行合理整合，才能更有效地实现相应的教学意图。通过优化配置教学资源，教师可以借助一定的形式将零散的、无序的各种教学资源组织起来，发挥这些资源之间的协同作用。

（4）优化配置教学资源有助于弥补区域差异，提升教学的公平程度。我国地域广阔，各地经济与教育发展不平衡，不同省（自治区、直辖市）的小学英语课程资源存在显著差异。增强教师对教学资源的识别、优化与整合能力，有助于补齐资源短板，提升整体教育质量，促进教育公平。

1.5　小学英语课堂教学资源优化整合的现状

学术界和一线教师已经认识到英语教学资源的重要性，通过努力，也取得了一些经验和成果。但是，英语课堂教学资源开发与利用的实践中还存在一些值得关注的问题。

（1）依赖自我经验，缺乏理论的指导。对于英语课堂教学资源的优化配置，一线教师和研究员的关注度较高，他们主要通过撰写一些短小文章来分享自身的一些经验和体会。比如，李艳（2016）基于多节观摩课和自我反思，探讨了优化课程资源、彰显英语魅力的必要性和有效策略。闫燕（2018）结合自身经验，介绍了如何整合课内资源以优化课堂教学，以及如何有效整合课外资源以优化英语学习的一些做法。纪斌（2020）基于课题研究，介绍了整合资源优化小学英语课堂教学的实施路径、课堂实效，并提供了相关成功教学案例。王万娟（2023）在阐述信息技术与小学英语课堂教学融合意义的基础上，结合多个教学实例，从导入新课、激发学习兴趣、记忆词汇及语言训练四个方面提出信息技术与小学英语课堂教学有效融合的策略。但是，总体来说，这些研究都停留在经验层面，还没有上升到理论研究的层面。

（2）存在认知偏差，忽略资源功能的充分挖掘。当下，有的教师严重依赖于教科书以及配套的教师用书和学生课外教辅等教学资源，未结合学生核心素养提升对资源进行深度再加工，忽略了这些教学资源功能与价值的充分挖掘。在使用这些资源进行教学时，有的教师还停留在语法与词汇知识的讲授上，未从多维度、多层面将其转化为不同的教学或学习形式，不能最大化地利用资源，从而导致资源使用率的低下。

（3）缺乏整合意识，存在资源的碎片化倾向。在当今信息技术高速发展的背景下，教师可以轻松获取到各种丰富的教学资源，如多媒体课件、广播影视节目和各类教辅材料等。特别是一些经验不足的教师，他们喜欢引入众多的教学资源，试图通过这些资源来激发学生的学习兴趣与动机。然而，在具体操作中，他们缺乏整合意识，只是将这些资源简单堆砌在一起，不分主次，进而导致教学效果不佳，难以有效提升学生的核心素养。

2 小学英语课堂教学
资源优化整合的理论研究

2.1 小学英语课堂教学资源优化整合的理论依据

任何课程资源的使用都不能仅凭教师的经验，还需要理论的科学指导。通过研究相关文献发现，二语习得理论、建构主义学习理论、人本主义理论、信息加工理论、多元智能理论等，对教学资源的开发与利用有着重要的理论指导意义。除这些理论外，还有许多其他理论也可以应用于课堂教学资源的有效使用中，只是其侧重点不同。结合英语学科的特点，本书重点探讨复杂动态系统理论、社会文化理论、生态给养理论及教学目标理论设计对英语课堂教学资源优化整合的指导意义，以期为课堂教学资源优化整合提供相应的理论支持，为教学资源优化整合提供多元化的视角和策略，以实现教学效果的最大化。

2.1.1 复杂动态系统理论

复杂动态系统理论源于经典力学，它强调时间关系的重要性以及系统内部各要素之间的关系。该理论认为，复杂系统的整体行为和表现源自其内部所有子系统和组成部分之间的互动以及系统与外部环境之间的互动。由于系统内外部要素之间的不断作用与变化，系统从未处于静止状态，并且很难预测系统的终极状态。1997 年，Larsen-Freeman 首次将复杂动态系统理论引入二语习得研究领域。她提出，语言学习者作为社会系统中的一个动态子系统，由记忆力、注意力、学能、动机、兴趣等次动态系统构成。这些次动态系统不仅相互影响，还通过互补优势，共同构建了语言学习者内部动态发展的复杂网络。同时，学习者并非孤立于社会环境之外，而是与其所处的社会生态环境紧密互动，持续进行信息交换与适应调整，共同促进学习者的语言习得。在此基础上，De Bot 等（2007）进一步发展了复杂动态系统理论对二语发展过程的描述与阐释，提出学习者在二语习得过程中存在"吸态"与"斥态"两种状态。所谓吸态，是指在时间流逝过程中，某个动态子系统可能会停留在某一个优先的状态，其系统结构相对稳定；那些明显的非优先状态叫作斥态，其系统结构具有不稳定性。在外部能量不断输入或资源的大力支持下，某系统将从一个吸态发展到另一个吸态，其变异程度很大。

在复杂动态系统理论的视域下，语言学习不再是往恒久不变的系统里增加新的知识，而是在教师、学生、环境等多种因素的交互作用下重构系统。其中，教学资源就是英语课堂环境因素之一。在课堂动态系统中，学习者语言的发展就是其内部资源（如学习动机、学习兴趣、学习时间、生活经历、情感体验与知识结构等）之间及其与外部资源（如素材性资源与条件性资源、物质资源与财力资源、计算机多媒体资源和网络资源等）之间相互作用的过程。这一过程具有显著的非线性特点，学习者不是学会了一个项目后，再转向另一个项目。同时，这一过程也具有不可预测性。例如，即便是微小的变化因素，如学习者兴趣的短暂激发、素材性资源与条件性资源的优化，也可能引发一系列蝴蝶效应，对语言习得的整体轨迹产生深远影响。因此，语言学习被视为一个复杂而动态的适应过程，其中，个体与环境的互动至关重要。

复杂动态系统理论不仅为语言学习提供了一个复杂而动态的理解框架，也为教师在课堂中选择与使用教学资源提供了强有力的理论支撑。与学习者一样，教师也是社会系统中的一个动态子系统，它由专业知识、教学信念、教学技能、自我效能感、情感态度等次动态系统构成。这些次动态系统相互影响、相互作用，共同构建了教师内部动态发展的复杂网络。同时，教师与其所处的社会文化环境、学校文化环境、课堂生态环境紧密互动，持续进行信息交换与适应调整，共同推动教学活动的开展。在课堂情景下，教学资源的选择与优化整合源自教师内部所有子系统和组成部分之间的互动以及系统与外部环境之间的互动，由于系统内外部要素之间的不断作用与变化，系统从未处于静止状态。例如，教师根据学习者的个体差异与动态变化，通过自我反思，灵活调整资源的分配，以满足每位学习者的个性化需求。

2.1.2 社会文化理论

社会文化理论（Sociocultural theory）是由苏联心理学家 Vygotsky 于 20 世纪 20 年代提出的，它从社会心理学角度来解释学习是如何发生的，认为儿童的思维与认知能力和语言习得是一个在社会和文化环境影响下，借助中介调节的作用而发展的过程。中介、内化、最近发展区与支架是该理论的核心概念，它强调个体依赖社会环境（家庭、同伴、学校）和社会活动建构知识，强调个体借助针对其最近发展区的中介将语言学习由人与人之间的社会活动向内部心理活动演变的过程。

社会文化理论中的核心概念是中介论。根据此概念，人类特有的高级认知能力通过社会文化中的符号工具来协调个体与社会物质世界的复杂关系。这些符号工具不仅限于传统的语言，还覆盖了数字、计算机、音乐、艺术与文学作品等多种形式。在英语课堂这一特定社会文化环境中，教学资源作为一种符号工具，协调着学生个体、教师与课堂教学环境之间的复杂关系。它们不仅是语言与文化知识传递的媒介，更是促进学生语言技能发展的关键要素。例如，在词汇教学中，实物教具、图片、肢体语言、视频、音频等非生命载体的素材性教学资源，作为中介工具，可以帮助学生直观地感知和理解词汇的含义。在词汇练习环节，教师可以利用这些资源的中介作用，设计多样化的练习活动，如重复、句型转换、完成句子、替换等操练活动以及那些富有意义的练习活动，以加强学生对词汇的掌握和应用。通过这些活动，学生不仅能够加深对词汇的记忆，还能在实际语境中灵活运用所学词汇，从而提升他们的语言运用能力。总而言之，这些教学资源的合理运用，共同促进了学生语言技能的全面发展。

内化是社会文化理论的另一个核心概念，它是指社会成员把交际活动中的符号工具转化为心理产物以调节自己的心理过程和行为方式。学生在参与课堂活动时，会遇到各种各样的符号工具，比如教师的语言、手势、面部表情等。这些符号不仅是交流的工具，还承载着丰富的功能与价值。内化的过程，就是个体通过反复地学习、体验和实践，将这些外部的符号和规则逐渐吸收到自己的心理结构中，使之成为自己思维、情感和行为的一部分。通过内化知识，学生能够更好地融入课堂环境，与他人建立有效的沟通和联系，并且这一过程还能促进他们语言能力的提升。

最近发展区与支架也是社会文化理论的核心概念。最近发展区是指学习者在独立状态下能够达到的能力水平与在成人或更有经验的同伴或技术工具协助下能够达到的能力水平之间的区域，而支架指的是成人与儿童、专家与新手之间进行的任何形式的协作行为。在支架过程中，能力更强的教师或同伴引导着能力较弱的学生的知识建构过程，比如通过提示卡、提示语、模型、合作和直接讲授等互动方式，来激发能力较弱的学习者的知识建构和思维能力。Wood、Bruner 和 Ross（1976）将支架搭建界定为："它帮助儿童或新手完成一项任务或达成一个仅凭自身能力难以实现的目标。"提供支架的过程就是教师在学习者的最近发展区中调整和支持他们及其与学习材料之间的互动，使其渐渐能够独立学习，从而又创造出新的最近发展区（见图 2-1）。根据社会文化理论，学习者被认为是时刻处于互动中的社会存在。在社会文化理论中，意义和知识创造不是独立的，而是与个体和其所处的语境以及群体中的言语和非言语互动密不可分。教育不是仅仅传授知识和技能，而是一个非常复杂的建构过程。持续的动态交互使得教师和学习者在课堂上几乎每一秒都在构建新的知识。学习者通过在社会环境中的互动，构建自身对周围世界的认知，从而生成新的最近发展区。

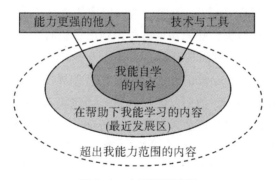

图 2-1　支架提供过程

　　基于最近发展区与支架的认识，教师在筛选、转化、调整与整合教学资源时，应确保这些资源能够直接服务于学生当前的学习需求，即那些处于他们最近发展区内的知识和技能。这意味着，要筛除与学生当前水平差距过大或过于简单的教材文本资源，选用那些能够促进学生"跳一跳，够得着"的教材文本资源。在此过程中，教师要挑选能力更强的生命载体资源（如教师与同伴）以及非生命载体资源（如教具、多媒体、数字资源等）作为支架，为学生提供必要的支持和引导。同时，随着学生能力的不断提升，其最近发展区也会发生变化。因此，教学资源的优化整合应是一个动态且提供支架支持作用的过程。教师需要根据学生的学习表现，及时对资源做出调整，并适时、适当与适度地提供相应的支架，从而为教学活动开展提供支持，保障教学的顺利推进。与此同时，这也能使得课堂教学变得更为轻松、清晰且有趣。

2.1.3　生态给养理论

给养（affordance）是美国生态心理学家 James Gibson 于 1979 提出的一个重要生态学概念，它被用于阐释动物如何凭借其感知能力来解读环境中某物所提供的信息而采取相应的行动。Gibson（1979）指出，给养是环境为动物所提供、给予和配置的"养料"，它既可能是积极的，也可能是消极的。在 Gibson 观点的基础上，Shelter（1982）等学者不断扩展给养内涵的广度，如给养蕴含着需求与要求、机会与限制、邀请与拒绝等不同的功能意义。因此，给养可以被视为动物在环境中顺利完成某项任务或遭遇困难时，环境给予的一种支持或形成的一种阻碍。那么，环境资源如何转化为给养呢？Van Lier（2004）提出，给养"涌现"于感知、解读与行动的不断循环之中（见图 2-2）。例如，当一位成年人想要穿过一条小溪，他看到水面上有一块石头，并凭知觉迅速识别出这块石头所具有的"踩踏功能"或"通行功能"，进而选择站在石头上穿越小溪。值得注意的是，不同动物对同一环境资源给养的理解存在着显著差异。对于认知水平低或平衡能力欠佳的小孩而言，他们可能很难感知到这块石头作为通行工具的潜在价值与功能，因此可能不会采取同样的行动。故而，给养只是为行动者提供行动的机会或可能性，是一种潜在意义，隐藏着一种潜在行为。同时，给养既不是环境的特有属性，也不是个体的固有属性，而是两者在互动中"涌现"出来的。

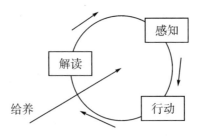

图 2-2　"感知—解读—行动"给养转化模式

　　基于给养的概念，英语课堂所配置的每一种教学资源，都具有一种或多种潜在意义，隐藏着一种或多种潜在行为。比如，从听说课堂中一些教学活动的意图来看，图片、单词卡片、实物、多媒体等素材性资源可以用于呈现与操练，学生同伴具有分享与合作的潜在可能性，图像视频可以提供"看"技能训练的机会。然而，这些功能既可能是积极的，也可能是消极的。这些教学资源是否有效转化为积极给养关键在于，教师能否感知得到其潜在的意义。同时，不同教师由于其教学信念、知识结构、情感态度与生活经验的差异，对相同教学资源潜在意义的感知也存在着很大的差异。因此，生态给养理论与英语课堂教学资源的优化配置具有密切的联系。教师可以在生态给养理论指导下优化配置课堂教学资源。

　　在阐释给养概念的基础上，国内外学者也对给养进行了分类。Gaver（1991）从感知信息和给养两个维度提出可感知给养、隐藏给养、虚假给养和合理拒绝四种类别。在一个物体为行动者提供行为的所有机会中，被个体有效感知到的那部分被称为可感知给养，而无法被个体感知到的部分则被称为隐藏的给养；个体可能会错误判断一个物体的属性，误认为它能够给养某个特定的行为，实际上却不能，这些被称为虚假给养；一个物体提供不能采取行动的可能性，预示着个体不能采取相应的行动，这些被称为合理拒绝。与动物不同，人与环境的联系超越物理层面，涉及情绪、道德、认知和意愿等，这些复杂层面为人提供不同种类和规模的给养。在语言学习领域，Van Lier（2004）认为，给养可以是直接被感知到的自然给养，可以是承载历史、社会与文化信息的社会给养，可以是具有"使能、限制"功能的语言给养，这三种给养可能会在同一个情景中共现。Aronin和Singleton（2008）把给养分为语言给养、社会与个人及机构给养、必然与或然给养、目标给养与发生性给养、有形给养（教学材料）与无形给养（课堂上学生的自由权）。在国内，根据贺斌与祝智庭提出的给养分类方式和外语教学特点，外语课堂至少应该覆盖以下六个给养范畴：认知给养（情感感知、学习活动组织与调节）、过程给养（师生期待与行为的耦合及调整）、情感给养（适应课堂学习的情感支持）、心理给养（适应课堂学习的心理支持）、文化生态给养（课堂学习氛围）、物理给养（课堂布置设施应用）等。上述给养各有侧重，但又相互重叠。目标给养、无形给养与有形给养、物理给养既可以是可感知给养，也可以是隐藏给养或虚假给养，甚至合理拒绝。从给养类型的角度出发，课堂教学资源可以转化的给养类型多种多样。当课堂教学资源所提供的给养与学习者之间"匹配"时，真正的学习便可能随之产生。可见，真正学习的产生与课堂环境资源所提供给养的数量、类型息息相关。

2.1.4 教学目标设计理论

课堂教学资源的利用和教学形成了相互需求、相互支撑的关系，其合理利用需要以有效教学目标为基本定位。具体而言，有效的教学目标是优化与整合课堂教学资源的逻辑起点。教学目标的设定不仅为资源利用提供了明确的方向，还构成了评价资源利用效果的重要依据。若缺乏明确且可行的教学目标作为指引，教学资源的优化与整合将失去其内在的逻辑基础，教学资源的优化与整合就无从谈起。因此，课堂教学资源的优化与整合都离不开教学目标设计理论的指导。

布鲁姆的教育目标认知分类学是一个指导教学目标设置的重要理论，它为教学资源优化与整合提供了资源框架上的支持。该理论将知识的学习分为事实性知识、概念性知识、程序性知识和元认知知识四类。事实性知识是学习者掌握某一门学科或解决问题需要知道的基本要素，包括术语知识（言语和非言语知识与符号）和具体细节与要素知识（事件、地点、人物、日期、信息源等）；概念性知识是指一个整体结构中基本要素之间的关系，表明某一个学科领域的知识是如何加以组织的，如何发生内在联系的，如何体现出系统一致的方式等；程序性知识是"如何做事的知识"，如具体学科技巧和方法的知识以及确定何时运用适当程序的知识；元认知知识是关于一般的认知知识和自我认知的知识，如策略知识、关于认知任务的知识和自我知识。上述四类知识是由专家达成的共识，可被视为人类所共享的知识。教学活动的目的是使这些外部知识转化为学生个体的知识。其转化需要经历一个从记忆、理解、应用、分析、评价到创造六个类别的认知过程，其中每个类别都有相应的认知行为（见图2-3）。

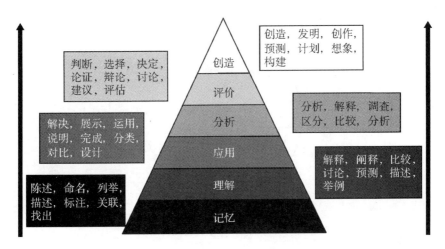

图 2-3 布鲁姆认知目标

Mager（1962）提出的行为目标理论，根植于行为主义心理学，是另一个可用于指导英语课堂教学资源优化与整合的理论框架。他认为，有效的教学目标应该用可以观察和测量的学生行为来陈述。这种行为目标包括行为（学生的具体行为）、条件（行为产生的条件）和标准（行为达到的标准）三个要素。在优化整合资源时，教师可以对照这三个要素，回答以下三个关键问题：本节课结束时，学生能做什么？完成这些任务需要哪些教学资源的支持？如何合理利用这些资源促成目标的实现？这种方式可以提高教学资源与教学目标之间的耦合度，从而提升教学效果。

2.2 小学英语课堂教学资源优化整合的实践过程

在英语课堂场域，教学资源的优化整合需要确立一个"切入点"，这个"切入点"就是教材，由它为"切入点"开发与利用支撑教学活动顺利开展的其他教学资源，如素材性资源与条件性资源、校内资源与校外资源、多媒体资源与网络资源等。基于"感知—解读—行动"给养转化模式，教师在选择与使用课堂教学资源时，首先需要对其感知而筛选，挖掘而转化成相应学习或教学形式，进而采取取舍与调整以及重组与整合的教学行动。因此，课堂教学资源的优化整合需要经历感知与筛选、挖掘与转化、取舍与调整、重组与整合的过程（见图 2-4）。

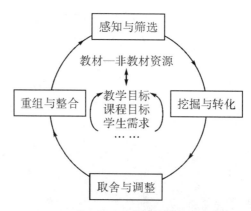

图2-4 课堂教学资源优化整合的过程

2.2.1 感知与筛选

感知与筛选是指教师凭借自身的专业背景、生活阅历和认知方式等，从众多可用的教学资源中初步挑选出可能适合当前教学实际需求的教学资源。

（1）从教材整体与整个单元层面解读教科书，从宏观上感知与筛选可利用的教学资源。换言之，在教学过程中，教师可以根据实际教学需要、学生现有水平、课时安排等，对教学内容进行删减、添加、替换、变化、重新排序等，以顺利达成教学目标。具体而言，删除是减去过难、过易的活动与课文，或者课程标准不要求的语言知识；添加是提供与教材相同或相似的内容，或者添加新的任务或者增加新的技能练习；替换是对局部内容或活动进行替换；变化是根据教学需求对教材进行修改以降低或提高难度；重新排序是教师根据学生周围的现实生活对教材编排顺序做适当的调整；任何教材的编写都隐含着某种或多种教学方法，教师可以根据教学实际需要适当调整教学方法。实质上，教科书的解读与再加工就是优化配置教材教学资源的过程。在此过程中，教师可以按照学期与单元层面初步列出所需的教学资源，整体规划教材教学资源（英语教科书、配套练习册、配套学习辅导书、教师用书、分级英语读物等）、非教材教学资源（动画视频、音频、单词卡片、工具书、直观教具与实物、App学习软件、多媒体、数字学习资源等）和人力资源（教师、学生及家长）。

（2）深入研读课文教学材料，为感知与筛选非教材教学材料提供依据。教科书属于我国教育部的规定性教材，是教师教学的主要依据。教师在研读课文时，要重点回答以下三个基本问题：第一个问题，主要关注"说了什么"或"写了什么"，把握课文的主题和基本内容，并借助结构图梳理课文的知识结构；第二个问题，聚焦"为什么写"或"为什么说"，即作者或说话者的意图、情感态度或价值取向等；第三个问题，强调"怎么写的"或"怎么说的"，即课文的文体特征、内容结构和语言特点。如果课文配有插图，教师同样需要关注插图传递出的意义和功能。当围绕What，Why，How 文本研读三维框架图时，教师可以深入解读教材文本，把握文本传递的主题意义，挖掘文化内涵和育人价值，为感知与筛选其他教学素材提供明确的依据（见图 2-5）。

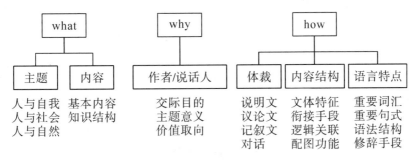

图 2-5　文本研读三维框架

（3）围绕教学内容，筛选可利用的素材性和条件性教学资源。教师在对教材文本内容分析的同时，要设想学生的学习过程和学习结果，找出适合学生学习的内容焦点，寻找补充材料或素材资源。以外语教学与研究出版社《义务教育教科书·英语（三年级起点）》三年级下册（以下简称"外研版三下"）"Module 10 Unit 2 She's got an orange sweater." 为例，本单元主要围绕熊猫 Panpan 在舞台上穿着不同颜色的衣服而展开。Daming, Lingling, Sam 和 Amy 四位小朋友谈论 Panpan 所穿衣服的核心句型是"He's got a green sweater. Has he/she got trousers? Yes, he …""She's got an orange coat? Has she got a white coat? No, she …" 等。基于以上教材文本的内容，教师可以设想以下学习过程与学习结果：学生能够在真实语境中，根据单词的音、形、义学习服装名称的词汇；在看、听、说的活动中，获取与梳理对话中 Panpan 所穿四种不同颜色的衣服；询问和应答有关他人所穿衣服的信息。在此基础上，教师考虑是否寻找补充材料或素材。与本主题相同的教学材料很多，如海尼曼（Level A）Jesse 与 Getting Dressed 两个英文绘本故事。第一个绘本 Jesse 涉及衣服的名称有 shirt，pants，socks， shoes, jacket, cap, glasses, 核心句式为"I like my purple ...";第二个绘本 Getting Dressed 涉及衣服的词汇,如 socks, pants, shirt, shoes, sweater, hat, backpack, 核心句式是"Look at my ..."。为了促进上述学习过程与学习目标的达成,教师不仅需要提供非生命载体的素材性资源,比如多媒体课件、音视频、黑板、任务单、服装卡片、服装实物或图片等,还需要筛选生命载体的素材性资源,如学生的生活经历、情感体验和知识结构等;同时,教师也可以考虑时间、时机、场地、设施与设备等条件性资源,比如开展小组活动的场地、播放音视频的设备等。

2.2.2 挖掘与转化

挖掘与转化指的是教师结合教学活动意图与真实学习发生,充分挖掘所选非教材教学资源的功能与价值,充分发挥其功能与作用。换言之,在挖掘与转化课堂教学资源的功能和价值过程中,教师首先需要考虑采用何种教学方法、设计哪些教学活动、活动的开展需要什么教学资源的支持等问题。下面借助上述案例,讨论如何借助活动意图与真实学习发生挖掘所选非教材教学资源,并转化成一定的学习或教学形式。

在本节课中,如果采取任务型教学途径,教师可以设计"服装话题导入""服装名称呈现""介绍服装句式呈现"等任务前活动,"听与指""听与读""听与排序""情境套用""角色扮演"等任务中活动,以及"询问与介绍他人的着装"等任务后活动。随后,教师要围绕这些活动的意图深入挖掘所选资源的功能与价值。与此同时,教师也可以考虑从资源功能与价值逆向出发,对活动进行思考与完善。

在导入环节,教师通常需要考虑学生的已有语言知识储备。在本节课中,学生已经学过有关天气与季节的名称与句式,教师可以利用学生的这些已有知识结构导入话题。由此,教师可以选择天气卡片和儿歌 weather and clothes。基于复习与导入的功能与价值,教师可以将儿歌的歌词整合在一件 T 恤之中,同时配上相应的图片,并将其转化为"听歌填词"活动(见图 2-6 左);也可以将季节与天气名称整合在一棵树上,同时删掉这些词的相关音节,将其转化为"补全单词"活动(见图 2-6 右),学生根据图片补全单词。需要注意的是,复习时间不能过长,教师需要把握时间资源的合理使用。

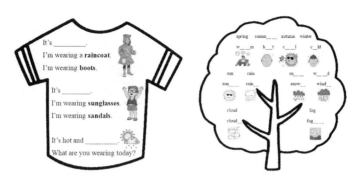

图 2-6　复习导入任务单（一）

　　图像资源具有装饰版面、促进理解以及提供学习内容的三大功能。服装图片既可以帮助学生理解服装词汇的含义，也能发挥其在操练与练习方面的功能与价值。因此，教师可以将这些图片整合在一起（见图 2-7），开展诸如"听与指认""听与读""听与写"等任务中活动，从而充分发挥它们的作用。

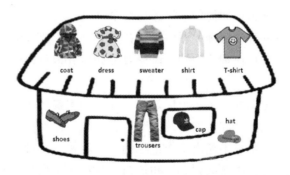

图 2-7　复习导入任务单（二）

　　在任务后活动"询问与介绍他人着装"中，教师可以选择与使用多媒体课件（条件性资源）、学生资源（生命载体的素材性资源）和讲台前的空地（条件性资源）。具体而言，多媒体可以用于创设舞台效果，学生可以为同伴穿不同衣服并使用目标句式介绍相关服装，而讲台前的空地可以为学生展示提供场地。除此以外，教师也可以考虑组织学生为自己最喜欢的动物制作"衣服"，开展小组手工活动。比如，可以设计活动"为企鹅穿衣服"。为此，教师需要准备企鹅图片及相应的着装图片（见图 2-8），同时也要准备剪刀、胶棒、小组活动场地等条件性资源。

图 2-8　企鹅及着装

2.2.3　取舍与调整

在优化整合的前两个环节里，教师已经对部分教学资源进行了筛选与加工，并将其转化成一定的教学或学习形式。但是，这些资源不一定全部合理，可能还存在过多、过少或运用不当等问题。过多的资源可能会致使学生的注意力分散，加重其认知负荷，模糊学习重点，从而降低学习效果；过少的教学资源无法充分达到特定的教学目的；而如果教学资源运用不当，则会降低教学效果。因此，教师需要判断已选教学资源的合理性并对其进行取舍。那么，如何判断资源是否合理呢？判断资源合理性的最佳途径是借助理论的理性解释，评估资源在多大程度上能够促进真正学习的发生。下面以认知负荷理论为例，讨论教师如何分析与评估多媒体课件资源的合理性。

认知负荷理论认为，工作记忆是信息加工的主要场所。但其容量极其有限，它同时存储 7 个或者加工两三个信息单元。如何高效利用有限的认知资源，保证学习信息不超出工作记忆的加工容量，是教学资源选择与使用过程中应该关注的重要问题。认知负荷理论提出了内部认知负荷、外部认知负荷和相关认知负荷三种类型。当所需的信息加工资源超出了学习者当前可用的认知资源限量时，学习者就会陷入认知超载的状态，这进而会阻碍学习的顺利进行。基于认知负荷理论，教师在选择与使用教学资源时，应考虑多重表征、通道效应、冗余效应、注意分散效应、诱惑性细节效应等原则，以减少学习者的认知负荷，进而提高其学习效果。多重表征指的是图文匹配的形式相较于单一文字的呈现，可以减少外在认知负荷；通道效应是指视觉与听觉相结合的方式优于视觉或听觉单一的呈现方式，这是因为不同的信息通道可以并行处理信息，减轻工作记忆的负担，提高学习效率；冗余效应指的是当同一学习内容以不同形式表征时，会导致认知资源浪费，从而影响学习效果；注意分散效应表明，信息来源的多样性或呈现方式的不当，会导致学生注意力分散，从而加重认知负荷，影响学习效果；诱惑性细节效应指的是在学习材料中存在的那些有趣但与学习内容不直接相关的信息，这类信息会对学习者的学习效果产生负面影响。在上述案例中，"听歌填词"活动以视觉与听觉相结合的方式呈现，符合通道效应原则；"看图补全单词"活动把文字与图片信息在空间上进行整合，可以避免注意力分散，降低认知负荷，这遵循了注意分散效应原则；"听与指认"活动符合多重表征原则，因为图文匹配的形式相较于单一文字的呈现，可以减轻外在认知负荷。综上所述，教师在分析与评估教学资源选择与使用的合理性时，不能仅凭自身经验，还需要科学理论的指导，进而合理地取舍教学资源，避免盲目行事。

从复杂动态系统理论出发，调整就是基于教学资源的互补优势而言的。校内资源与校外资源、素材性资源与条件性资源、计算机多媒体资源与网络资源等不同类别资源之间存在互补关系。校内资源是基础和重点，校外资源是校内资源的重要补充；素材性资源为语言学习者提供语言与内容信息交互作用的机会；条件性资源为教学活动的开展提供时间、空间、场地的条件支持；网络资源既是教学活动实施的条件，也是语言学习的直接对象，而计算机多媒体资源既可以弥补传统授课方式的不足，也可以提高外部刺激的多样性，还有利于学生进行建构性学习。除不同类别资源外，同类资源之间也存在互补关系。比如，多媒体能创设逼真的语言情景，但其再现能力差。板书难以创设情景，但可以提纲挈领地呈现重点。在上述案例中，教师也可以利用板书来弥补多媒体的不足（见图2-9）。同时，在"为企鹅穿衣服"手工活动中，教师可以先口头向学生介绍企鹅，之后还能够进一步补充对企鹅的描述。在书面活动表达环节，各小组用三四句话介绍自己"装扮"的企鹅后，教师收集各小组的汇报文本，再通过编辑整理，让学生课后进行纠错（见图2-10）。教师通过资源的补充与调整，可以培养学生看、说和写的语言技能。

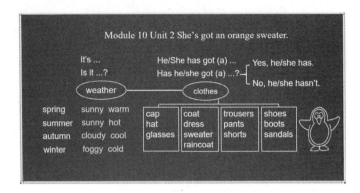

图 2-9　板书设计

下面语句划线部分存在名词单复数、a/an、大小写使用不当的语言错误，请修改。
Hello, This is penguin. she's cute. Look at her, she's got a green hat, a orange sunglasses, green T-shirt, and a blue shoes. Do you like her?

图 2-10　语句修改

2.2.4　重组与整合

重组与整合指的是将各种不同形式的教学资源，按照科学合理的顺序整合到教学过程中，形成有机的整体，以提供更加多样化的学习与教学支持。在实际教学过程中，有的教师可能选取了很多资源，但是资源呈现的顺序不一定合理，因而需要对这些资源进行重新组合。比如，在一节听说课的听前环节，教师利用哆啦 A 梦视频呈现目标句型 "Who was she? Where was she born? What was the name of her first school? Who was her first friend?"；在听后环节，教师利用教师本人及四位同学小时候的照片开展对子活动，以帮助学生巩固与内化目标句型。教师所使用的贴近学生生活实际的哆啦 A 梦视频与师生小时候的照片均能激发学生的学习动机与兴趣，但从教学资源服务于教学活动的功能来看，教师小时候的照片不仅能激发学生的学习兴趣，还能更有效地呈现本节课的目标句式（划线部分）。比如："I will show you an old photo. Do you know who this girl is? It's me. It's one of my old photos. How old was I? Where was I born? Look, This was my first school. What was the name of my first school? And who was she? "，与时长 2 分钟的哆啦 A 梦视频相比，教师小时候的照片能更直观呈现过去的场景，更容易让学生感知与理解在描述过去生活时需要用 was 和 were，并层层递进地呈现本节课的目标句式。由此,如果教师交换哆啦 A 梦视频与师生小时候照片展示的顺序,教学效果会更好。

重组与整合是教学资源优化配置的最后一步。如果忽略这一步,将出现教学资源的碎片化倾向,资源之间难以发挥协同作用。基于认知负荷理论,对教学资源信息在空间层面进行整合,可以有效避免学生注意力分散,减少其认知负荷,进而推动学习者的学习进程。因此,在上述案例中,教师可以将任务单、企鹅及其着装等非生命载体素材性资源整合在一张海报上。与此同时,教师可以充分发挥学生这一生命载体素材性资源(如兴趣动机、已有知识)的作用,以此驱动非生命载体素材性资源发挥出最大效能。

小学英语课堂教学资源的优化配置是一个系统的过程,其涵盖感知与筛选、挖掘与转化、取舍与调整、重组与整合四个关键环节。在感知与筛选阶段,教师从教材的整体出发,初步挑选出所需资源并加以罗列,同时根据学习过程与结果,对相关的教学资源进行筛选。在挖掘与转化阶段,教师结合教学活动意图,深入挖掘所选资源的功能与价值,将其转化为有效的教学形式。在取舍与调整阶段,教师依据相关理论的科学指导,评估并合理取舍与调整资源。在重组与整合阶段,教师需要构建一个教学资源体系,该体系应具备丰富多元的类别、清晰分明的层次以及多样的功能。教师通过对这些资源进行整合,促使它们相互配合、共同作用。这一过程不仅提高了教学资源的利用效率,而且提高了课堂教学的有效性,推动了学生学习的开展。

2.3　小学英语课堂教学资源优化整合的实践原则

在小学英语课堂教学资源优化整合过程中,课程目标、教学目标、学生需求、教学活动是其重要的依据。在此过程中,教师还需要遵循以下原则。

2.3.1　目标导向原则

在课堂教学准备阶段,教师应充分发挥其主导作用,深入开展语篇研读,从中挖掘出具有可教性的内容。根据需要,教师还应该筛选其他教材资源作为补充,如英语分级读物、教辅材料等。在此基础上,教师要根据总体课程目标(课程内容分级要求),设置具有可操作性、可达成性、可检测性特征的教学目标。在设计教学活动时,教师再针对这些教学目标精心筛选其他教学材料以支持活动的顺利开展，比如英语音像资料、直观教具和实物、黑板、多媒体等，并充分挖掘所选教学材料的功能与价值，同时根据需要对其加以适当的取舍和调整（见图 2-11）。在此过程中，所涉及的课堂教学资源既包括提供学习内容的教材资源，又包括支持活动顺利开展的其他教学材料。无论哪种材料，其合理的选择与使用，都离不开课程目标和教学目标的导向作用。

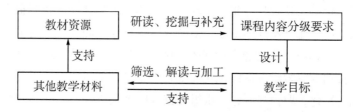

图 2-11 目标导向资源优化方式

根据《2022 版义教课标》，英语课程内容由主题、语篇、语言知识、文化知识、语言技能和学习策略等要素构成。在小学阶段，标准通过 16 个表格对课程内容六个要素的学习要求分别按照一级（3~4 年级）和二级（5~6 年级）进行了分级描述。其中，从语言知识、文化知识、语言技能、学习策略四个课程内容的学习要求描述方式看，标准的目标导向功能非常突出。根据行为目标理论，语言技能内容要求中表达性技能内容要求的大部分描述都体现了行为目标的表述方式（见表 2-1），都包括了行为（学生的具体行为）、条件（行为产生的条件）和标准（行为达到的标准）三个要素。

表 2-1 表达性技能的内容要求（二级、二级+）

	内容要求
表达性技能	1. 运用所学的日常用语与他人进行简单的交流，如询问个人基本信息； 2. 完整、连贯地朗读所学语篇，在老师指导下或借助语言支架，简单复述语篇大意； 3. 围绕相关主题和所读内容进行简短叙述或简短叙述或简单交流，表达个人的情感、态度和观点； 4. 在老师的帮助下表演小故事或短剧； 5. 简单描述事件或讲述简单的小故事； 6. 围绕图片的内容，写出几句连贯的描述； 7. 模仿范文的结构和内容写几句意思连贯的话，并尝试使用描述性词语添加细节，使内容丰富、生动； 8. 正确使用大小写字母和常见标点符号，单词拼写基本正确； 9. 根据需要，运用图表、海报、自制绘本等方式创造性地表达意义

表2-1(续)

	内容要求
表达性技能	1. 结合相关主题进行简单的主题演讲，做到观点基本明确、逻辑比较清楚、语音正确、语调自然； 2. 结合主题图或连环画，口头创编故事，有一定的情节，语言基本准确

下面以《义务教育教科书·英语（三年级起点）》五年级上册 Module 4 Unit 1 "Mum bought a new T-shirt for me." 为例，讨论如何遵循目标导向原则，对小学英语课堂教学资源进行优化整合。根据目标导向原则，教师首先需要深入研读语篇内容，把握语篇的主题、基本内容、语言特点与育人价值等。《2022 版义教课标》建议，教师通过回答 What，Why，How 三个基本问题来语篇研读，把握教学的核心内容。笔者以这三个问题为框架，分析本节课的对话内容（见图 2-12）。

图 2-12　对话语篇材料

在 What 维度方面，本对话语篇围绕一件红色 T 恤的归属问题而展开。在故事中，Sam 和 Amy 均误将一件 T 恤视为己有而产生了争夺行为。Ms Smart 通过澄清事实解决了争吵问题，指出他们俩的 T 恤已被洗干净并晾晒了起来，而这件干净的 T 恤衫是 Lingling 的。随后，Sam 和 Amy 认识到自己的不当行为，并向 Lingling 真诚道歉。最后，三位小朋友开心地一起去放风筝。在 Why 维度方面，作者通过展现 Sam 和 Amy 从生气、愤怒、惊讶、冷静到友好的转变过程，以及 Ms Smart 从惊讶变为高兴的神情变化，使学生思考如何处理或避免朋友间的争吵。在 How 维度方面，该对话涉及表示现在与过去的行为动词，如 argue/argued，buy/bought，take/took，wash/washed，wear/wore，以及描述体恤与风筝的形容词，如 red，new，clean，beautiful 和 cute 等；争论衣服归属时使用的核心句式是 "Sam took my ..." "But it isn't your .... Mum bought it for ..." "Did you wash ... No, I didn't."。三位小朋友及 Ms Smart 在交流过程中主要使用了一般过去时态和一般现在时态。

在语篇研读的基础上，教师针对相关总体课程目标设计教学目标，以落实课程标准。在本案例中，教师可以针对表 2-1 中的口语表达技能要求，设计口语表达的教学目标（见表 2-2）。

表 2-2　口语表达的教学目标

口语表达技能内容要求（二级、二级+）	教学目标
完整、连贯地朗读所学语篇，在教师指导下或借助语言支架，简单复述语篇大意	在看配图、听对话的过程中，获取与梳理对话中 Amy 与 Sam 争吵的原因、问题解决、结局的事实性信息，形成知识结构图，并借此复述故事
围绕相关主题和所读内容进行简短叙述或简单交流，表达个人情感、态度和观点	围绕配图，用两三句话简要评价对话中 Amy，Sam，Ms Smart 和 Lingling 的做法
在教师的帮助下表演小故事或短剧	在教师的帮助下，运用一般过去时与一般现在时，分角色表演 Amy 和 Sam 争吵、问题解决的场景

根据行为目标理论，口语表达技能的内容要求和教学目标陈述中行为产生的条件，实质上是一种教学资源，如"在教师指导/帮助下"体现了教师资源、"在看配图/听对话的过程中"体现了音频和教材配图两种素材性资源。因此，合理的教学目标便成了教师合理筛选教学资源的重要依据。通过对照表 2-2 中的三个教学目标，我们发现，本节课能够支持活动顺利开展的教学资源，至少包括教师资源、听力音频和教材配图。就教材配图而言，在教学过程中，教师不仅可以利用配图呈现相关词汇与句式的含义，还可以利用配图引导学生复述故事。此外，教师还可以利用配图，引导学生思考 Sam 和 Amy 争吵的起因、经过与结果，并让学生用两三句话简要评价故事中人物的做法。与此同时，教师要引导学生联系自我和实际生活，谈论自己曾经与朋友争吵的原因及解决问题的办法，进而理性地表达个人的情感、态度与观点。从上述活动可以看出，为了实现教学目标，开展教学活动所需的资源除

教师资源、听力音频和教材配图外，还包括学生资源（如生活经验）。

2.3.2 个性需求原则

除教学目标外，在筛选与使用英语课堂教学资源的过程中，教师还需要充分考虑学生的个性化需求。这些需求不仅包括学生已有的语言知识与语言技能水平，还涉及他们的生活经验、学习方法与学习特点等。根据维果茨基提出的最近发展区，儿童的实际发展水平与其潜在发展水平之间的区域是有效教学的关键所在。那么，实际需求水平是新语言与文化知识获取、新语言技能发展的起点。因此，在筛选教学资源以设计教学活动时，教师需要关注学生的最近发展区；否则，所选资源可能无法与学生的已有知识或技能相匹配，从而难以有效地促进学习真正发生。

那么，如何准确判断学生的最近发展区，为教学资源的选择提供明确的依据？首先，教师可以通过课堂观察、课堂提问、测试、课后作业、师生交谈、学生自评与互评等方式深入了解学生的现有发展水平。比如，教师可以通过课堂观察，记录学生在课堂活动中的表现情况。在了解学生现有水平的基础上，教师就可以对照教材内容及课程标准中的课程内容分级要求，结合教学活动的意图，选择其他教学资源，比如音像资料、直观教具和实物、多媒体软件等。《义务教育英语课程标准（2011 版）》（下文简称《2011 版义教课标》）明确提出："教师在技能教学中应当做到优化教学资源、发挥恰当的教学指导作用"，并对教学活动中材料的选择提出了明确的参考建议（见表 2-3）。从这些建议可以看出，教学资源的优化不仅要考虑材料本身的特点，还应考虑学生的多种个性化需求，比如听力、口语、阅读与写作教学材料均需要贴近学生生活和语言水平。同时，参考建议中也对教师角色提出了明确要求。从教师资源角度出发，教师所扮演的这些角色可以更为有效地推动教材资源和其他教学材料充分发挥作用。

表 2-3　材料选择与教师角色参考建议（1~2 级）

技能	材料选择	教师角色
听	·接近真实语境中的话语 ·说话人的话语应尽量体现个性特征 ·适度使用辅助的直观视觉材料 ·适度调控话语轮次 ·与学生的生活联系紧密、语言水平相当	提供材料，鼓励、启发、引导、帮助、监控、评价
说	·与学生的水平相当 ·贴近学生的生活 ·话题具体，目的明确 ·有利于学生参与、合作 ·具有趣味性和真实性 ·有利于口语交际和表达	示范、鼓励、引导、帮助、监控、评价
读	·阅读内容积极向上 ·贴近学生生活和语言水平 ·具有趣味性、知识性和时代感	鼓励、启发、引导、组织、帮助、监控、参与、反馈与评价
写	·与学生的水平相当 ·贴近学生的实际生活 ·语言结构要求合理	指导、示范、启发、鼓励、讨论、讲评

此外，对于当前的学生，他们更倾向于通过多渠道、多媒介、多模态感官刺激的方式来接受知识和获取信息。因此，教师应该在利用传统的教学手段和教学资源（如黑板、白板、卡片、简笔画、教学挂图、模型、实物等教具）的同时，充分发挥现代教育技术对教与学的支持和服务功能，引导学生开展主动、个性化的探究活动，以实现深度学习。基于生态给养理论，学生的个性化需求是学生成功感知与解读课堂教学资源领悟学习的功能与价值，并据此采取学习行动的前提条件。

2.3.3　支架辅助原则

根据脚手架理论，在教学过程中，能力较强者（教师或能力更强的同伴）通过调整支架程度，以适应学生当前的表现水平。因此，在英语课堂教学中，教师与能力较强的学生同伴均是重要的教学资源，二者共同发挥着支架的功能与作用。

作为教师，其首先应该充分认识到自己就是一种重要的教学资源，并对自己进行合理开发与运用。在课堂教学中，教师可为学生提供形式多样的支架，如提问、示范、提示与反馈等。在阅读课上，教师进行示范朗读是一种行之有效的支架活动。对于低年级学生来说，教师在第一遍朗读课文时，若能恰当地融入停顿与情感表达，会对他们的学习有极大帮助。这不仅是简单的朗读，更是赋予文本生命力，让学生们感受到文字背后的情感与意义。特别是对于基础较弱的学生来说，通过多读、多听，他们对知识的理解自然会更加深入。在示范朗读活动中，教师的情感体验必须得到积极开发和利用。否则，学生只会认为朗读是一项机械的、枯燥的、无趣的练习活动。长此以往，他们便会失去对朗读的兴趣。

下面以译林版《义务教育教科书·英语（三年级起点）》四年级下册"Unit 4 Drawing in the park"为例，讨论教师如何在课堂上应如何向学生提供不同支架。本对话包含五张配图（见图2-13）。为了帮助学生通过关注细节而了解整个故事情节，教师可以提出以下启发性问题（facilitating questions）："Look at the first picture, where are the boy and his dad? What's in the park? Look at picture two, what is the dad pointing at? And then, what is the dad doing in picture three? What does the dad want the boy to draw in the fourth picture? Can the boy draw the boat?"通过以上问题，学生能轻松地获取本对话中父亲背着画具带着儿子去公园画画的故事情节。随后，教师可以向学生提供一些提示语言以帮助其复述整合故事，如"the boy and his father, at the park, draw some pictures, point at, a tree and some flowers, can, difficult, try"等。当然，在学生复述之前，教师还可以示范，以确保大部分学生都能够顺利完成复述任务。最后，教师对学生的复述给予反馈意见。由此可见，在此过程中，教师同时提供了提问、示范、提示与反馈等多种支架，以促进复述活动的顺利开展。在任何一节课中，根据学生已有的语言知识和能力水平，学生都可能需要不同类型的支架来支持他们的学习。但是，需要注意的是，支架不能过多，否则可能分散学生的注意力，并给工作记忆带来负担。

图 2-13　译林版四年级上册 Unit 4 对话语篇

　　除自身外，教师也需要充分认识到能力较强的学生同伴也是一种宝贵的教学资源。我国人民教育家陶行知先生提出的"即知即传"的"小先生制"，正是同伴支架理念的一种生动体现。在小学英语课堂中，一种有效的教学策略是通过小组合作，让能力较强的同伴发挥支架作用，辅助其他学生学习。

　　为了确保合作学习得以有效开展，教师需要做好充分准备。除组建包含不同能力层次学生的异质小组外，教师还应提供清晰明确的课堂指令，确保每位学生都清楚自己小组的任务内容、执行方式及预期成果。同时，小组任务还需要学生使用目的语进行交流，并有一个明确的任务结果。在同伴互动过程中，能力较强学生的知识结构、思想情感等隐性资源可以得到充分的利用和开发。在上述案例中，以巩固目标词汇与句式为例，教师可以设计 "What can you see?" 小组活动。首先，将班级学生分为多个异质小组，每个小组包含高、中、低不同水平的 6 个学生。其次，教师宣布活动规则：每个小组将各自的卡片摆在桌子上（见图 2-14），小组成员有5 秒钟的时间观察卡片的内容，随后用一张纸遮住卡片。最后，小组成员需要依次使用目标句式 "I can see ..." 和目标词汇说出自己记忆中的公园景观。为了确保活动的有序进行，教师可以预先分发卡片及学生表达的顺序名单（如高水平—中水平—低水平—高水平—低水平—中水平）。在活动开展过程中，教师需要观察各小组的表现情况，根据需要给予适时的提示和指导。在此活动中，高水平或中水平的学生能够较好地带动低水平学生，激励他们开口进行表达。若教师发现低水平学生已表现出良好的学习状态和参与度，可适当增加卡片数量或改为抢答方式，以确保任务难度处于学生的最近发展区内，促进其持续进步。

图 2-14　公园景观图片

2.3.4　高效使用原则

高效使用原则是指教师根据充分挖掘教材及其他一切有利于学生学习和教师教学的其他教学资源的功能与价值，提升资源的效率和使用率，避免资源的闲置与浪费。

教材的编写是以课程标准规定的课程目标和教学要求为依据，教材融入了英语学习和教学的先进理念与方法。部分教师只停留在书本知识尤其是语法知识和词汇知识的讲授和传授上，没有从教材编写原则的层面深度挖掘教材的多元功能与价值，进而造成教材资源的利用低效。根据《2022版义教课标》所提出的教材编写建议，教师可以从以下几个方面挖掘教材的功能与价值：一是育人价值。教材内容与教学活动的主题意义与价值。二是核心素养。教材在促进全体学生的语言能力、文化意识、思维品质和学习能力得到共同发展方面发挥着作用。三是单元主线。教材各单元紧扣主题，整体设计教学活动，旨在让学生有更多接触、感知与理解、体验与实践的机会。四是语言材料。教材选择了贴近现实生活的多样化语篇，注重激发学生的学习兴趣与动力。五是语言发展规律。教材依据学生语言能力发展的规律，进行教材整体设计，以满足不同学段学生的个性化需求。六是二次开发。教材具备灵活性的特点，教师可以根据教学需要灵活调整内容，以适应不同的教学需求。七是合作与探究式学习方式。教材设计的活动注重学习方法的指导以及学生自主学习能力的培养。八是配套的数字化资源。教材配备了多媒体课件、教学挂图、教师用书、数字学习平台等丰富的教学资源，以辅助教材的使用。

英语教材是重要的教学资源，但也只是课程资源的组成部分。教师不仅需要依据教材编写原则深度挖掘教材，还需要注重其他一切有利于学生学习和教师教学的教学材料。在英语课堂中，这些非教材教学资源为实现教学目标服务，它是活动开展的条件与载体。那么，教师就应该围绕教学活动意图挖掘非教材教学资源的功能与价值，以实现资源利用最大化。除选择不同价值的课程资源来支持不同活动的有效开展外，教师也需要关注同一课程资源的不同功能与价值，最大化利用课程资源。实际上，同一课程资源也可以在多个教学活动中发挥不同的作用。因此，教师需要根据教学活动的具体需求，精心选择和合理搭配课程资源，以最大化地发挥它们的功能与作用。

例如，图像资源具有装饰功能、强化功能、阐释功能、概括功能和比较功能。因此，相同图片可以在不同教学活动中发挥不同的功能与作用。在学习活动观的框架下，教师首先可以利用图片激活学生的已有知识经验，铺垫语言和文化背景知识；其次，在获取与梳理、概括与整合信息之后，还可以利用这些图片引导学生开展描述、阐释、分析、应用等多种有意义的语言实践活动，强化语言知识和文化知识；最后，还可以进一步利用它们引导学生思考和探讨语篇的主题意义。综上所述，在教学活动中，图像资源不仅可以发挥理解、内化、应用与分析的作用，还可以实现其育人价值的功能。

基于高效使用原则，教师可以在最大化地利用资源。同一资源放在不同教学活动中的重复使用，不仅可以减轻教师负担，还能提高资源的使用率。根据社会文化理论，没有互动，资源也会被闲置与浪费。

2.3.5　整体协同原则

为了发挥不同课程资源之间的协同效应，教师需要注重各种资源的有机整合，建立种类齐全、层次清晰、功能多样的课程资源完备的体系。这种完备体系也可以在课堂环境中得以体现。在课堂场域中，所谓种类齐全指的是资源覆盖面广，既包括素材性教学资源和条件性教学资源，也包括计算机多媒体资源和网络资源；层次清晰指的是优化配置不是资源的简单相加，要分清主次，次要资源（教学内容补充素材）只能起到衬托和延伸教学内容的作用，要服从于主要资源（教材课文），否则会喧宾夺主，使教学偏离焦点；功能多样与教学过程有关，指的是资源可以发挥导入、呈现、操练、练习、内化与运用等不同的功能。

从复杂动态系统理论出发，有机整合的教学资源体系就是一个和谐健康的生态系统，通过适时、适当、适度重组学习者内部及其外部资源，使其相互补充、发挥协同作用。为了保证这个生态系统和谐健康地运转，教师首先必须选取不同类型的教学资源，保证资源的多样性。其次，教师需要弄清所选教学资源之间的相互关系。比如，在素材性教学资源中，生命载体教学资源是根基。若生命载体教学资源过少，则无法驱动非生命载体教学资源发挥最大的作用，同时也会限制条件性教学资源的使用。无论是传统媒体，还是现代媒体，都离不开非生命载体教学资源的作用，尤其是教师资源。正如吴刚平（2001）所言，在众多教学资源中，教师才是最重要的教学资源。只有在生命载体教学资源的驱动作用下，传统媒体或现代媒体所发挥的作用才可能最大化。最后，教师要将所选教学资源有机整合在一起，使各种资源相得益彰，发挥其协同作用。需要注意的是，整体协同，指的是一堂课中所有教学资源的有机协同，同时也涵盖一个活动中所涉及教学资源之间的协同作用。下面以一个阅读活动为例，讨论如何使资源有机整合以发挥协同作用。

在一节阅读课中，一位教师使用了如图 2-15 所示的多媒体课件资源，围绕问题"What happened to them? And how did they feel?"与学生对话，分析与讨论主人公与朋友的旅行经历与不同感受。教师做出了如下示范：

T：Now, let's find out the change of Betty and her friends' feelings. First, we need to find out what happened to them and how they felt. Maybe, some object clauses can help you. For example, the first one,...（朗读第一段第二句话并呈现下划线，语言平淡），how do you feel about it?

Ss（个别学生）：Scared.

T：Yes, maybe scared or afraid（呈现答案）. Now, please find out more sentences and the feelings. I will give you two minutes.

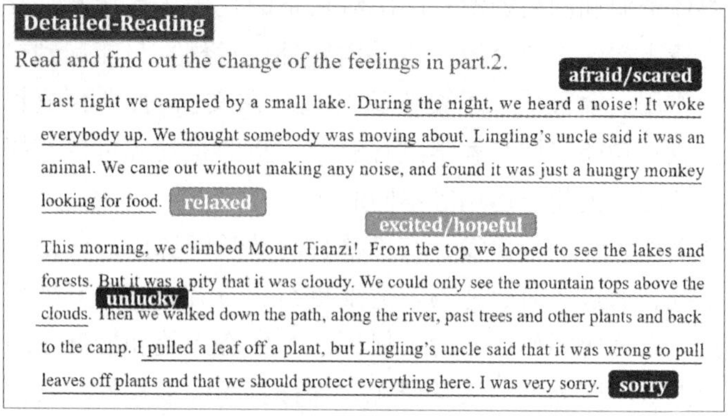

Detailed-Reading

Read and find out the change of the feelings in part.2. `afraid/scared`

Last night we campled by a small lake. During the night, we heard a noise! It woke everybody up. We thought somebody was moving about. Lingling's uncle said it was an animal. We came out without making any noise, and found it was just a hungry monkey looking for food. `relaxed`

`excited/hopeful`

This morning, we climbed Mount Tianzi! From the top we hoped to see the lakes and forests. But it was a pity that it was cloudy. We could only see the mountain tops above the clouds. `unlucky` Then we walked down the path, along the river, past trees and other plants and back to the camp. I pulled a leaf off a plant, but Lingling's uncle said that it was wrong to pull leaves off plants and that we should protect everything here. I was very sorry. `sorry`

图 2-15　活动中教学资源的整体协同

　　在游记语篇中，教师在引导学生归纳情感时，最直接的方法就是让他们找到能直观传达人物情感的名词、形容词、副词与动词。同时，为了让学生获得身临其境的体验，教师还可以提供与语篇内容相符的图片、音频或视频。然而，在此案例中，教师在多媒体课件中仅使用了文本、下划线和文本框，忽略了教师与学生资源的使用。教师示范是一种不可或缺的人力资源，但是教师的语言平淡，并未移情入文。同时，学生参与体验也是一种重要的资源，但教师仅让学生仿效她从文章中找出相关语句。若教师采取反复朗读的方式，让女生朗读"I am sorry"，男生朗读"I am very sorry"，并通过关注副词引导学生归纳出 ashamed，而非直接呈现 sorry，这样学生就能更真切地体会到贝蒂"惭愧"的感受。总体来说，多媒体课件、教师资源、学生资源之间的整合度不高，其协同效应受限，导致学生难以深刻体会到主人公一行人的情感变化。

　　此外，为了帮助学生更容易推断出主人公一行人"hopeful"这一感受，教师可以在原有多媒体课件中添加与文本信息相匹配的湖泊与森林图片（见图 2-16a），同时有机整合其自身的情感与非言语资源，以最大限度地发挥多媒体课件中图片和文本信息的作用。具体而言，在使用多媒体课件呈现文本信息后，教师可以引导学生一起回答"What did they hope to see?"并用下划线标注"hoped to see"，同时呈现如图 2-16a 所示的图片，指到大图中的 lakes 和 forest，通过肢体语言演示 from the top，最后将图片缩小、置于页面底部（见图 2-16b），并以期待的语气追问与回答"So how did they feel? They must feel … hopeful."，且辅之相应的手势、表情与眼神。整个分析过程一气呵成，教师利用自身的情感资源与非言语资源驱动了图像资源与文字资源发挥最大的作用，共同促使学生轻松推断出主人公"hopeful"这一感受。由此可见，不同资源有机整合能产生协同效应，可以达到"1+1>2"的效果。

a   b

图 2-16　多媒体课件与教师资源的整合

再如，在一节英语听说课程中，教师设计了一项以"参观动物园"为主题的活动，旨在让学生掌握常见动物的名称、产地、习性，并能够表达个人对动物的偏好。教师遵循优势互补原则，优化整合了多媒体课件、板书、动物叫声音频、动物卡片、简笔画以及自制或真实的动物园地图等多种教学资源。首先，教师利用多媒体课件构建了参观动物园的虚拟场景，通过动物卡片来呈现和操练与动物相关的词汇及习性，同时引导学生学习表达个人喜好的句型，并在黑板上进行适时的书写示范。其次，教师播放动物叫声的音频，引导学生在听力练习时留意说话者所喜欢的动物及其原因，且鼓励学生围绕此进行问答互动。最后，教师展示自制或真实的动物园地图，并结合板书，引导学生分组讨论他们最想首先参观的动物展区。在这一教学过程中，多媒体课件提供了直观的"参观动物园"情景再现，动物卡片则因其灵活性而便于教师和学生使用，板书则因较强的再现能力而有助于学生复习和巩固所学内容。自制地图则清晰展示了动物园的布局和动物的分布情况，为学生在空间认知方面提供了助力。通过有机整合这些教学资源的优势，而非单一依赖某一种资源，教师成功引导学生讨论动物的名称、产地、习性，还能够表达学生对动物的偏好，课堂的互动性和趣味性也得到了增强。

2.3.6　动态调整原则

在课堂教学过程中，教学资源的运用应是一个动态的过程。教师应根据学生的学习反馈和表现，及时对资源的配置和使用方式做出调整，并整合动态生成的资源，从而满足学生的学习发展需求。其中，动态生成的资源指的是课堂动态生成的各种突发事件和情景，如互动过程中产生的"错误"资源。

小学生的英语学习过程充满了尝试与挑战，他们在发音、语法、词汇运用等方面经常犯类似"I is Thomas. I six years old. My grandparents are from the Anyue. This is my cat. It is green cat."的言语错误。教师不应简单地否定或纠正这些错误，而应将其视为宝贵的教学资源。对待学生错误的不同处理方法也反映出了教师对英语学习过程的不同理解。国外的教学流派对学生的错误持不同的看法。比如语法翻译法提倡及时纠错并提供正确答案，直接法建议采用提示、询问等方式让学生自己纠错，听说法认为教师应该及时纠错以便使学生养成正确的语言习惯，而交际法则认为只要不影响交际，教师就没有必要纠错。各教学流派为教师纠错与否提供了有益的参考。但是，基于教学资源为教学目标的成功达成而服务的观点，是否纠错或是否及时纠错要以教学目标为"轴心"，不能盲目纠错，过度纠错会对学生的学习兴趣产生影响。一位教师在开展以"Breakfast"为话题的巩固活动"转盘游戏"时，其主要目标是学生能够使用一般过去时询问与应答他们所吃的早餐食物，如"porridge, dumplings, noodles, rice, chips, fish, sandwiches, hamburgers"。当有任意一名学生旋转转盘之后，全班其他同学一起提问"What did you have for breakfast?"：

T：Do you like to play a game?

Ss：Yes.

T：I want one of you to come and choose one food（指着转盘），then the others ask him or her "What did you have for breakfast?". Is that clear?

Ss：Yes.

T：Good，any volunteer?（此时很多孩子都举手）

S1：（走上讲台，旋转转盘，定位 noodles）

T：Now, please ask him.

Ss：What did you have for breakfast?

S1：I have noodles for breakfast.

T：（忽视学生的言语错误，继续问别的学生）Who else wants to try?

S2：（走上讲台，旋转转盘，定位 dumplings）

Ss：What did you have for breakfast?

S2：I had dumplings for breakfast.

（共有 5 位同学参加此游戏，其中 2 位都使用了 have，教师均忽略不管）

依据复杂动态系统理论，作为社会系统中的一个动态子系统，语言学习者由记忆力、注意力、学能、动机、兴趣等次动态系统构成。显而易见，不同学习者的次动态系统结构存在差异，因而有的学生能说出正确语句，而有的学生会说出错误语句。在此案例里，师生互动过程中产生的"错误"资源与教学目标紧密相关。然而，教师采取了忽视的态度，没有进行动态调整。从生态给养理论出发，转盘上的早餐具有一种潜在意义"早餐食物"，但"What did you have for breakfast？"的"过去发生"这一潜在意义并不明显，进而导致尚未牢固理解或根本不懂一般过去时态的学生使用 have。在此种情况下，如果教师做以下动态调整，学生的言语错误就会减少，比如在 did 下面增加一个下划线，或在问题后面增加表示过去的时间状语"yesterday, this morning"，或者利用"升调"提醒。

还有一位教师在开展以"Classroom objects"为话题的语法活动时，为了引导学生探讨规则名词单复数的变化规则时（schoolbags，chairs，desks，pens，rulers，pencils），他借助实物提问"What's this? What are these?"，同时在黑板上板书教室物品名称并画简笔画（见图 2-17）。借助板书，学生很快知道了名词单数加'-s'变为复数的规则。在此基础上，该教师开展了"Color and Say"活动，涂色后学生用核心句式"They are …"来介绍教室物品。在介绍环节，授课教师发现大部分学生乱读'-s'的读音。在此种情况下，该教师迅速抓住这一事件，立即中断了学生的介绍，而是利用板书资源开展"听与辨音"活动，即教师朗读，学生辨别规则名词复数'-s'的读音，并组织同伴之间、小组之间、师生之间三种方式进行朗读练习，如 schoolbag-schoolbags。通过动态调整，学生很快知道了'-s'的读音，教师又继续开展"Color and say"活动。与上述案例中的教师不同，此教师抓住了互动中动态生成的教学资源，且围绕教学目标，充分利用它来促进学生的学习。需要注意的是，教师能否敏锐地抓住课堂中动态生成的各种事件，往往会受到自身教育背景、教学经验、教学认知等因素的影响。

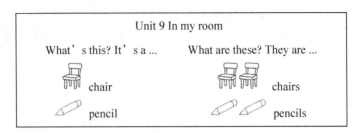

图 2-17　板书设计

　　本小节详细地阐述了小学英语课堂教学资源优化配置的过程和五大原则。整体而言，这些原则共同构成了小学英语课堂教学资源优化整合的框架，有助于教师结合优化整合的过程，更科学、合理地选择和利用教学资源，提升教学质量和效果。

2.4　小学英语课堂教学资源优化整合的分析思路

2.4.1　教学资源优化配置结构

　　通过考量小学英语课堂教学资源的类别与特点，根据动态系统理论，本书构建了教学资源优化配置结构的分析框架（见图 2-18）。从图 2-18出发，小学英语课堂教学资源优化配置需要同时包括学生内部和外部两类资源。其中，学生内部资源是学生学习的兴趣、动机、爱好、已有语言知识或技能、生活经验等。学生外部资源既包括同伴资源，也包括教师资源，如教师的情感态度、语言素养、教学信念、学科教学知识、教学实践能力、教学反思能力等，同时又包括多种非生命载体的素材性资源，如课程标准、教材、教师用书、学习辅导书、电子音像产品、直观教具和实物、多媒体课件、网络资源等一切有利于学生学习和教师教学的教学材料。此外，学生外部资源涵盖了有形条件性资源，如设备、实施、场地和载体等，以及无形条件性资源，如时间、时机、氛围和环境等。

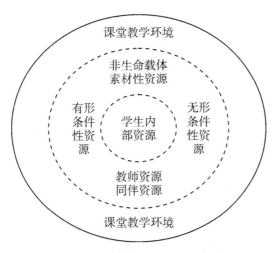

图 2-18　课堂教学资源优化配置结构

2.4.2　教学资源优化整合效益

　　任何教学目标的实现都离不开资源的有力支持。基于生态给养理论和教学目标设计相关理论，在英语课堂上，教学资源优化配置的效益主要体现在教学资源给养转化的程度上，即教学资源功能与价值的最大化实现，以及它们在多大程度上促进教学目标达成以及真正学习的发生。鉴于英语课程包含多种课型，不同课型中教学资源优化配置的效益各有侧重。例如，在语音课中，主要体现在促进学生对读音规则的感知与体验、内化与实践；在词汇课上，主要用于词汇的呈现、记忆、练习以及使用与检测；在语法课上，主要用于语法规则的呈现、探究与归纳、内化与运用；在听说课上，主要促进看、听、说等语言技能的训练；在阅读课上，主要促使学生对阅读文本的表层与深层理解；在写作课上，主要帮助学生有效地完成语言书面表达、遣词造句、篇章布局等写作任务。尽管不同课型各有其效益的独特性，但也存在一些共通之处，比如激发学生的兴趣与动机、提升学生的参与度。

　　综上所述，本书将聚焦不同课型的具体特点，结合具体的课堂实例，从促进学生核心素养发展、激发学生的兴趣与动机、提升学生参与度等方面，对教学资源配置的效益展开讨论。

3 小学英语语音课堂教学资源优化整合的实践研究

3.1 课标中语音教学内容的解读

语音是英语教学的重要内容之一。根据《2022 版义教课标》的规定，英语的语音包括元音、辅音、重音、意群、语调与节奏等。从语音知识内容要求的描述方式来看（见表 3-1），课标采用"识别""感知""拼读""朗读""模仿""体会""表达"等行为动词描述了学生要学什么、怎么学、怎么用，不仅规定了学生学习哪些语音知识，而且对其学和用的方式及需要具备的能力提出了具体要求。

表 3-1　语音知识内容要求的分类

类别	级别	内容要求
语音知识学习	一级	·识别并读出 26 个大小写字母； ·感知字母在单词中的发音； ·感知简单的拼读规则，尝试借助拼读规则拼读单词； ·感知并模仿说英语，体会单词的重音和句子的升调与降调
	二级	·借助拼读规则拼读单词； ·使用正确的语音、语调朗读学过的对话和短文； ·感知并模仿说英语，体会意群、语调与节奏
语音知识运用	二级	·借助句子中单词的重音表达自己的态度与情感； ·在口头表达中做到语音基本正确，语调自然、流畅

根据附录 2 语音项目的规定，拼读规则包括常见元音字母组合在单词中的发音（如 ee，oa，ou）、常见的辅音字母组合在单词中的基本读音

（如 th，sh，ch 等）、常见的辅音连缀的读音（如 black，class，flag，glass，plane，sleep，bright，cry，sky，small，speak，star，street，spring，screen，programme 等）和失去爆破音。在小学阶段，学生不需要学习音标。音标作为一种抽象的符号系统，属于理性学习范畴，而小学生更适合通过直观和实践的方式来学习语言，如自然拼读法，这种方法侧重通过字母和字母组合的发音规则来学习单词，更符合儿童的学习特点。

从教学资源的视角来审视表 3-1 中的语音知识内容要求，我们可以发现，一级内容要求包括识别字母读音、感知字母发音、掌握简单的拼读规则以及模仿语音与语调。为了满足这些要求，教师可以使用清晰的字母发音示例、单词发音音频以及简单的拼读练习材料等教学资源，以帮助学生打下坚实的语音基础。在此基础上，二级内容要求则进一步提升学生的语音能力，强调利用拼读规则拼读单词、使用正确的语音语调朗读对话和短文，并感知意群、语调与节奏。为了实现这些目标，所选择的教学资源不仅应包含更复杂的拼读练习和朗读材料，还应提供多种情境下的语音语调示范，以帮助学生在真实语境中运用所学的语音知识。总体而言，提供丰富多样的教学资源至关重要，如拼读材料、教师示范、同伴互动与支持等，这种资源的多样性有助于促进学生对语音知识的深入理解和实际应用，可以有效地帮助学生全面掌握英语语音知识，从而提高他们的口语表达能力。

针对小学英语语音教学策略与方法，《2022 版义教课标》中的教学提示提出了具体建议。这些建议体现了不同教学资源在小学英语语音教学中的应用价值。例如，在二级内容（5~6 年级）中提到，"在开展拼读教学时，要为学生提供有意义的学习素材，如语言简单、图文并茂、情节生动有趣、渗透拼读规则并配有录音的阅读材料""通过丰富的语言实践活动，如听录音模仿，朗读语篇，为故事配音，演唱歌曲、韵文等，引导学生感知、体会英语的重音、意群、语调与节奏等，为准确、得体的表达与交流奠定基础"。深入分析这些建议可以发现，它们蕴含了丰富的非生命载体素材性资源，如图片、录音、故事、歌曲和韵文等。因此，在设计语音教学活动时，教师应当合理筛选并运用丰富多样且适宜的教学资源。这有助于增强学生的语音意识和拼读能力，进而从整体上提升他们的语言运用能力。

3.2　教材中语音教学内容的整体解读

　　教材是课堂教学资源优化整合的"切入点"，本小节以沪教版义务教育教科书英语（三年级起点）全套教材为例，对教材中的语音教学内容进行统计与分析（见表3-2），以为合理选用教材以外的优质语音教学资源或取舍与调整现有教材语音教学资源提供依据。

表3-2　教材语音教学内容统计

年级	板块介绍	示例图与语音知识内容要求对齐
三年级上册	板块为 Learn the letters，第1~9单元分别包含2个字母，第10~11单元分别包含3个字母，第12单元为字母歌。此板块主要包含如示例图所示的教学素材：音频、字母图片、含配图或思维泡的字母 chant、字母书写	识别并读出大小写字母（一级）
三年级下册	板块为 Learn the sounds，第2~9单元包含15个辅音字母的基本读音（p, b, t, d, k, g, h, f, v, s, z, m, n, l, r）。此板块主要包含如示例图所示的教学素材：音频、配图、chant	感知字母在单词中的发音（一级）
四年级上册	板块为 Learn the sounds，第1~10单元包含元音字母 a, e, i, o, u 在开音节和闭音节中的发音。此板块主要包含如示例图所示的教学素材：音频、配图、chant	感知字母在单词中的发音（一级）

表3-2(续)

年级	板块介绍	示例图与语音知识内容要求对齐
四年级下册	板块为 Learn the sounds，第 1~7 单元包含辅音字母组合 ch、sh、ph、wh、ck、ll、ss、ff，第 8~9 单元包括辅音连缀 cl、pl、gl、bl、fl、sl 的发音。此板块主要包含如示例图所示的教学素材：音频、配图、chant	 感知简单的拼读规则，尝试借助拼读规则拼读单词（一级）
五年级上册	板块为 Learn the sounds，包含辅音字母组合及辅音连缀 sk、sp、st、sh、dr、pr、br、cr、fr、gr、tr、sl、sn、sw、sm、sp、sc、th 的发音。此板块主要包含如示例图所示的教学素材：音频、配图、chant	 借助拼读规则拼读单词（二级）
五年级下册	板块为 Learn the sounds，第 1~9 单元包含元音字母组合 ar、ue、oo、ir、ur、au、oor、ee、ea、eer、ear、ie、oa、oy、oi、air、are、ear、ou、ow、ay、ai 的发音。此板块主要包含如示例图所示的教学素材：音频、配图、chant	 借助拼读规则拼读单词（二级）
六年级上册	板块为 Learn the sounds，第 1~11 单元包含发 /i//i：/ 的字母（组合）e、e-e、ee、ea、i、y，发 /e//æ/ 的字母（组合）e、a，辅音 p、b、t、d、k、c、ck、g 的发音，发 /ɑ：/ 的元音字母（组合）a、ar，发 /ʌ/ 的元音字母 o、u，发 /u：/ 的元音字母组合 ue、u-e、oo，发 /u/ 的元音字母（组合），辅音字母（组合）f、v、th 的发音，发 /s//z/ /ts//dz/ 的辅音字母（组合）s、c、z、s、ts、ds，发 /ɔ：//ɔ/ 的元音字母（组合）or、al、au、oor、o、a，发 /ɜ：//ə/ 的字母组合 er、ir、ur、or、er、a，发 /tʃ//dʒ//ʃ//ʒ/ 的辅音字母（组合）ch、g、j、sh、s，辅音字母组合 tr、dr 的发音，第 12 单元为复习（minimal pairs）。此板块主要包含如示例图所示的教学素材：含某个拼读规则的示例单词及 "listen and circle" 活动	 借助拼读规则拼读单词（二级）

表3-2(续)

年级	板块介绍	示例图与语音知识内容要求对齐
六年级下册	板块为 Learn the sounds，第1~6单元主要含发/ei//ai/的字母（组合）a, a-e, ai, ay, eigh, i, i-e, y, igh, ie, 发/əu//au/的字母（组合）o, o-e, ow, ou, 发/m//n//ŋ/的（字母组合）m, n, ng, n（k），n（g），发/ɔi//iə/的字母（组合）oy, oi, ear, ere, eer, 字母（组合）y, h, w, wh, l, r, rr的发音；第7单元涉及音节（syllabus），第8单元是单词重音（word stress），第9单元是句子重音（sentence stress），第10单元是音调（intonation），第11单元是连读（linking sound）。此板块主要包含如示例图所示的教学素材：含音节、重音、语调和连读的语音素材及"listen and say"活动	 借助拼读规则拼读单词（二级） 识别与划分音节 体会单词的重音（二级） 体会单词的重音和句子的升调与降调（二级） 体会句子的升调与降调（二级） 体会连读

　　以《2011 版义教课标》为编写依据，沪教版小学英语教材于 2012 年 1 月首次出版。本套教材主要按照听说读写的顺序编写，其中每个单元的最后一个部分均是语音教学内容。通过统计，我们发现，各学段的语音教学内容具有整体性和渐进性的特点。从字母到字母在单词中的发音、常见辅音与元音字母组合的发音，再到音节、重音、语调、连读等语音现象，全部覆盖了《2011 版义教课标》的语音知识二级标准。

　　但是，对《2022 版义教课标》进行分析后发现，该教材既未涉及意群与节奏的内容，也忽略了语音知识的运用。因此，教师在使用本教材开展语音教学时，就需要根据《2022 版义教课标》对教材进行取舍与调整。除增加意群与节奏外，要重视语音知识的运用，教师还可以调整语音内容的顺序，比如单词与句子重音教学内容可以调整至五年级开展。同时，通过分析，我们发现，六年级部分元音字母组合的拼读规则的规律性不强，比如 ear，are，ure，our 等，这不利于学生记忆。在这种情况下，教师可以适当引入音标教学，尽管课程标准并不要求在六年级开展音标教学。教师只需要明确音标教学的深度和广度即可。音标仅仅是代表发音的符号，其主要作用是帮助学生更好地记忆复杂字母组合的发音。在教学过程中，教师让学生书写音标，更不需要他们标注音标。

　　表 3-3 是 Learn the sounds 板块基本读音与示例词的统计结果。其中，统计办法为：按照教材目录"Sounds"部分计算"读音个数"，根据教材每个单元 Learn the sounds 板块计算"含有目标读音的单词总数"，同时计算教材出现含有某读音示例词的平均数量（示例词平均数），并对照教材目录"Key words"部分计算含有目标读音的新词总数（单元主题词汇复现个数）。在统计时，如果一个单词含有两个目标读音，比如 favourite 含有 f 和 v，计算两次，复习单元不进行计算相关的内容；按照目录中读音个数计算，如果不同字母组合发同一个音，还是按照组合个数计算，如 ay，ai，eigh 三个组合发同一个音，但仍然计数 3。

表 3-3　Learn the sounds 板块基本读音与示例词统计　　单位：个

学段	读音个数	含目标读音的示例词总数	示例词平均数	单元主题词汇复现数
三年级下册	16	47	2.9	5（10.6%）
四年级上册	10	58	5.8	4（6.9%）

表3-3(续)

学段	读音个数	含目标读音的示例词总数	示例词平均数	单元主题词汇复现数
四年级下册	14	30	2.1	4（13.3%）
五年级上册	21	47	2.2	1（2.1%）
五年级下册	25	56	2.2	2（3.6%）
六年级上册	51	162	3.2	14（8.6%）
六年级下册	36	93	2.6	7（7.5%）

在教授新的基本读音时，尽量不要出现新的单词。Learn the sounds 板块的大部分词汇是旧的词汇，这有利于学生学习新的基本读音。这样一来，当新的基本读音已经操练熟练，可以脱口而出，就可以利用它来学习新的词汇。然而，从表3-3中发现，教材中的 Learn the sounds 板块也存在一些问题：一是用于学习基本读音的示例词虽然是旧词汇，但与单元主题新词汇的关联性不强，其中比例最高的是四年级下册，占比 13.3%，最低的是五年级上册，占比 2.1%，平均占比 7.5%。二是每个单元含目标读音的单词平均数偏低，2~3 个示例词不利于学生感知、归纳与总结字母或字母组合的发音规律，其中单词量最大的四年级上册有 5.8 个，其次是六年级上册，有 3.2 个，剩下 5 个学段均少于 3 个。三是不同学段基本读音的数量不均，比如四年级上册偏少，六年级上册偏多。因此，教师需要对教材中的语音教学内容做相应的调整。比如，增加含基本读音的旧词，以便学生更好地感知与归纳字母或字母组合的发音；围绕单元主题，拓展与延伸 Learn the sounds 板块的教学内容；利用基本读音学习本册书其他单元或更高学段的新词汇，进而培养学生运用语音知识的能力；可以适当调整基本读音的教授顺序，比如先集中教授，之后再分散至不同的单元。

3.3 教材语音教学资源的功能与价值挖掘

沪教版小学英语教材 Learn the sounds 板块包含音频、配图和 chant 三个教学资源。下面以基本读音、音节、句子重音为例，讨论如何深入挖掘 Learn the sounds 板块的语音教学素材。

在四年级下册第一单元 Touch and feel 中的 Learn the sounds 板块（见图 3-1），音频主要涉及辅音字母组合"ch"的音和单词 chick、chair（一个读两遍）以及含有配图 chant 的朗读。这三个资源以听觉与视觉相结合的方式整合在一起，配图中的单词 chick 和 chair 出自 chant，讲述了一个名叫查理的小男孩有一只小鸡和一把椅子，查理和他的小鸡一起坐在椅子上。因此，配图具有呈现语音素材的功能。在语音教学中，教师可以引导学生看图说话："What can you see in the picture? Who has a chick? Where is the chick? Where is Charlie? Is Charlie Chinese? What are they doing? "，由此引出含有 ch 读音的语音素材，引导学生观察与发现 ch 的读音。

图 3-1　四年级下册 Unit 1 Learn the sounds 板块

六年级下册 Unit 7 Helping others 的主题是人与自我——做人做事，子主题是生活与学习中的困难、问题和解决方式，涉及三个语篇，其中 Listen and say 部分是一则对话，Peter 和 Sally 帮助一个小男孩寻找一个丢失的小狗；Read a story 涉及一个配图故事，讲述了蜜蜂的勤劳是为了人们，而蚂蚁的勤劳是为了自己；Listen and enjoy 是一首由"感到幸福你就拍拍手"改编的歌曲，歌词最后一句点明如果想要一生的幸福就去帮助他人。本单元最后一个板块 Learn the sounds 包含两个表格和活动"Listen and say"两种教学资源。在表格中，教材编撰者使用拍手图形来展示音节的个数（见图 3-2）。作为一种教学资源，拍手图形预示着音节的数量，但难以预示如何划分音节，而活动"Listen and say"练习音节的目的性也不明显。因此，教师在本板块的音节教学中，除创设"帮助他人"的真实语境外，还需要选择别的活动素材，以帮助学生更直观地感知与体会音节的概念和划分方式。小学生擅长模仿，教师可以开展以下游戏：告诉学生他们将通过站和坐的动作来呈现一个单词。他们需要考虑单词由哪些部分组成以及单词的形态结构。如果单词是 together，第二个学生站，其他学生蹲下（见图 3-2 右）。如果单词是 afternoon，第一个学生站，其他学生蹲下。

图 3-2　六年级下册 Unit 7 Learn the sounds 板块及补充素材

六年级下册 Unit 9 Reusing things 的主题是人与自然——环境保护，子主题是人与自然相互依存，绿色生活的理念和行为，涉及三个语篇，包括一个对话、一个配图故事和一首童谣。其中，对话语篇介绍了妈妈和 Alice 谈论家中的旧物再利用；配图故事讲述了塑料瓶循环再生的过程；童谣讲述了纸杯和废纸再利用的故事。Learn the sounds 板块关于句子重音的教学，涉的教学资源有音频、6 个例句和"Listen and say"活动（见图 3-3）。显然，6 个例句是语音教学的主要内容，其中标注重音的实词有名词、形容词和疑问代词。《2022 版义教课标》对语音知识内容的二级做出了明确规定，"学生能够借助句子中的重读表达自己的态度与情感"。这一规定体现了句子重音与真实语境之间紧密的关系。然而，此板块的 6 个句子之间没有任何联系，很难让学生感知到句子重音的意图。因此，教师需要添加具有真实语境的语音素材，以帮助学生更深刻地体会到重音在实际交际中的价值与作用。

Learn the sounds

- Peter is my friend.
- In summer, it is hot.
- There is a bird in the tree.
- It's red and white.
- What did you see?
- When's your birthday?

Listen and say.

1 It's an interesting film.

2 What's your name?

3 These animals are in danger.

4 How was your winter holiday?

图 3-3　六年级下册 Unit 9 Learn the sounds 板块

在一节句子重音教学片段中，一位教师选用真实语言素材。其中，教师首先让学生听录音并理解主旨大意。听力材料如下：

Walter is a waiter in a busy snack bar. Listen to some of his conversations with his customers.

a　W：So that's two coffees, a beef sandwich, a tomato soup …

　　C：*No, a chicken sandwich.*

　　W：Sorry, sir …

b　W：Yes, sir?

　　C：A small mushroom pizza, please.

　　W：Okay …

　　C：*No, make that a large mushroom pizza.*

　　W：Certainly, sir …

c　W：Okay, so you want one coffee, six colas, four strawberry ice-creams, two chocolate ice-creams and a piece of apple pie …

　　C：*No, four chocolate ice-creams and two strawberry …*

　　W：Anything else?

在学生理解主旨大意的基础上，教师让学生再次听录音，关注斜体部分的句子，用小圆点"·"标注重读单词，并思考为何要重读。随后，教师引导学生一起分角色朗读。

3.4 课堂非教材语音教学资源的合理开发

从教学资源角度出发，三到五年级教材中 Learn the letters（sounds）板块包括音频、配图和 chant 三种素材，而六年级教材中 Learn the sounds 板块只包括相关拼读规则、音节、重音、语调和连读的语音素材及"listen and say"或"listen and circle"活动，而配套练习册未涉及任何语音教学资源。因此，教材中的语音教学资源比较单一，教师需要根据教学的实际情况适当、适度、适时选用或开发其他优质语音教学资源，以补充语音教学资源。

（1）合理筛选与利用素材性教学资源。在现代教育环境中，英语语音教学资源的种类繁多。一是精心挑选与教学内容紧密相关、语言难度适中的英文动画片和音视频材料，如选取含有目标语音教学内容的英文动画片片段，引导学生在观看中模仿发音、感受语调，从而增强学生的语言感知力。同时，教师要利用这些资源的可重复性和互动性，鼓励学生进行描述、角色扮演、配音等活动，进一步巩固所学的语音知识。二是结合教材的内容，挑选适合的英文自然拼读绘本。当前，一些出版社出版了很多小学英语自然拼读绘本与教辅资源，教师可以基于教学内容，精选挑选符合学生认知需求和激发学生学习兴趣的素材性资源。比如"丽声北极星自然拼读绘本""妙趣小学英语自然拼读""Sight words 练习册"。其中，"妙趣小学英语自然拼读"根据我国小学生的特点，结合我国现行小学英语教材的教学内容编写，共三册：第一册重点讲 26 个英文字母及常见发音；第二册主要以"单词家族"的形式，让学生学习元音和元音字母组合的发音；第三册重点让学生学会读常见辅音组合、含 r 的元音字母和多音节词。三册的内容由易到难，覆盖 500 个小学基础词汇，提供 145 个动画视频、近600 张彩图、约 600 道读写练习和 145 篇押韵短文，补充常见词（Sight words）的看、听、说、读与写活动等。本套教辅材料蕴含了丰富的语言教学材料，教师可以根据教学实际需要从中筛选，以补充教材的语音教学内容。

（2）注重开发和利用学生资源。学生资源包括每个学生的生活经历、学习体验以及他们丰富的思想和情感。在语音教学中，教师应端正学生的语音学习态度，通过实例展示，让学生认识到准确语音对于语言沟通的重要性，从而激发他们内在的学习动力。同时，教师应积极引导学生树立正确的语音学习观念，鼓励他们勇于尝试、不怕犯错，在持续的练习与反思中逐步优化发音技巧。此外，教师还应引导学生养成良好的语音学习习惯。比如积极模仿说英语，提升语感，增强发音的准确性；积极参与课堂互动，勇于开口说，通过实践来检验并提升自己的发音；定期通过录音进行自我评价，记录自己的进步与不足，以便更有针对性地进行改进。

（3）注重开发和利用教师资源。在语音教学的实践中，教师资源的有效开发与利用显得尤为关键。教师需要不断提升个人的语音素养，通过自我学习、自我练习及与同行交流，确保自己的发音准确无误，语调自然流畅，以此为学生树立正面的语音学习榜样。同时，教师要树立正确的语音教学资源使用意识，如精选的音频教材、互动语音练习软件以及网络上的优质语音课程等，明确这些资源的使用目的、方法和时机，确保它们能够恰到好处地融入课堂，提升学生的学习兴趣和效果。此外，教师还应注重将语音教学贯穿不同课型之中，无论是阅读课上的语音语调模仿，还是写作课上对语音特征的关注，抑或是口语表达课上对发音准确性的强调，都体现了语音教学在不同课型中的渗透与融合。这样的教学策略不仅有助于学生掌握全面的语言技能，还能够增强他们在实际交流中的自信心。

（4）合理筛选与利用条件性教学资源。条件性教学资源包括有形教学资源与无形教学资源。在有形教学资源方面，教师可以将多媒体课件与拼读卡片、图片、黑板等传统的教学资源巧妙结合起来。多媒体课件通过图像、声音、动画视频等多种形式，创设出贴近真实生活的情境，直观呈现语音示范，生动展现音、形、义之间的内在联系；拼读卡片则可以被灵活运用，教师可以设计各种有趣的游戏，让学生在轻松愉快的游戏中内化并巩固拼读规则，从而有效地提高语音学习效果；板书是一种直观的教学工具，教师可以在板书上清晰地展示音标、单词的音节划分、重音标记以及连读和弱读的规则，同时通过对比发音、示范发音口型和舌位，以及标注节奏和语调，来增强学生的发音意识。在无形教学资源方面，时间、时机、氛围和环境也是提高语音教学效果的关键因素。教师应精心规划课程时间，确保学生有足够的机会练习发音；把握教学时机，及时给予学生反馈和鼓励；营造积极、支持的学习氛围，让学生不害怕犯错，敢于开口练习。

以下结合两个优质语音课堂教学活动，探讨不同教学资源在语音课堂教学中的合理配置与整合。

示例 1　音节意识培养活动

学生听单词，感知单词的音节。每个方格代表一个音节（见图 3-4）。这个活动旨在借助音节图示帮助学生感知单词的音节。具体操作方式如下：教师既可以自己朗读单词，也可以自己播放录音。如果教师朗读，可以一边读一边用手指轻敲桌子，每个音节敲一次。朗读结束后，教师可以让学生尝试自己按照音节朗读单词。随后，教师还可以提供一些单词，让学生自行朗读并判断每个单词包含多少个音节。或者，教师可以朗读单词，学生则需要判断单词的音节数量，并用 1 个手指（食指）、2 个手指（食指+中指）、3 个手指（食指+中指+无名指）分别表示 1 个、2 个和 3个音节。

□	□	□
bed	dinner	chocolate
bag	daughter	beautiful
bat	country	afternoon
dog	cousin	favourite
tall	classroom	badminton
boy	coffee	banana
girl	chicken	canada

图 3-4　音节表

活动评析：该音节意识培养活动成功地整合了学生资源与教师资源，以提升学生对音节的感知能力。教师在活动中扮演了至关重要的角色，他们通过朗读单词和敲击桌子来辅助学生识别音节，这种直观的教学方式有效地利用了教师资源，帮助学生理解音节的划分。同时，学生通过用手指来表示音节的数量，这一行为也体现了学生资源的利用。通过这种身体语言的运用，学生可以加深对音节概念的理解，并通过动手实践增强学习的体验性。总体而言，这个活动通过整合教师的引导和学生的主动参与，创造了一个良好的语音学习环境。

示例 2　镜子的使用

教师可以尝试使用镜子帮助学生改善发音。课前，教师要让每一个学生都准备一个小型手持镜子。课中，当教师示范发音时，学生将镜子举起来，他们可以同时看到老师的口型和自己的口型。通过这种方式，学生可以直观地模仿老师的发音动作，如嘴唇的开合、舌头的位置等，从而更准确地掌握发音技巧。在这个过程中，教师可以鼓励学生多次尝试，并通过持续反复地练习，逐步提高学生发音的准确性。

活动评析：镜子作为教学工具，能够让学生直观地观察自己的口型和教师的口型。这种视觉反馈有助于学生更好地理解发音的细节，如嘴唇的开合和舌头的位置，从而提高发音的准确性。同时，镜子作为一种生活中常见的物品，能够激发学生的好奇心和探索欲望，使他们在学习发音的过程中感受到乐趣，从而提高学生学习的积极性。

3.5　小学英语语音课堂教学资源优化整合的案例分析

本案例选自第五届全国自然拼读与英语阅读教学研讨会的一节小学中年级自然拼读绘本研讨课，由田湘军老师执教。

3.5.1　案例背景

本节课选自《丽声拼读故事会》中的 "Moan，Moan，Moan！"。该绘本主要围绕一个小女孩和她妈妈之间的日常生活互动展开叙述。故事从小女孩的视角，讲述了她对于妈妈频繁唠叨的感受和反应。故事开篇，小女孩通过对比自己的金鱼和妈妈的行为，表达了她对妈妈唠叨的不满。金鱼从不唠叨，也从不提出要求，如"不要爬那棵树"或"不要扔石头"等，但妈妈却总是唠叨个不停，对小女孩提出各种各样的要求和禁止事项，如"别挖洞""别摘那朵玫瑰""别解开你妹妹的蝴蝶结"等。这些唠叨让小女孩感到烦恼和困扰，她甚至希望金鱼能成为她的妈妈，以此来摆脱妈妈的唠叨。随着故事的深入，小女孩的烦恼和情绪逐渐展现出来，她通过内心的独白和对金鱼的羡慕，表达了她对自由和无拘无束生活的向往。然而，在故事结尾，虽然小女孩仍然表达了对妈妈唠叨的不满，但这也暗示了小女孩对妈妈深深的爱和依赖。总体来说，本绘本通过生动的情节和贴近生活的场景，展现了孩子与家长之间的日常生活互动和情感冲突。它让孩子在阅读中理解并感受到家长的关爱和唠叨背后的深意，同时也教会孩子如何理解和处理自己的情感。此外，该绘本还融入了很多含有字母"o"和字母组合"ow""oa"的单词（moan，coat，soap，coal，slow，coach，toast，road；throw，bows，bowls，blow；stone，hole，rose，those，clothes，nose，explode，goldfish，fold，hold，go），使得学生在阅读过程中能够自然习得"ow"的拼读规则。

本节课是一节集自然拼读与阅读于一体的研讨课，教学目标涉及核心素养的四个方面，即语言能力、文化意识、思维品质和学习能力。其中，语音教学目标是借助以自然拼读为主线的绘本故事，让学生能够进行相关学习：

· 能识别字母 o 及 ow 和 oa 字母组合的读音规则，并准确拼读单词；

· 能指出单词中和 throw 中 ow 发音一致的字母或字母组合；

· 从故事中找出含有字母组合 ow 和 oa 的单词并读出来。

3.5.2　语音教学资源优化配置的结构特点

课堂教学资源配置的结构特点指的是英语课堂教学中资源的类型、数量、使用时机及比例关系，以及不同资源之间如何相互作用、相互协调以促进学生学习和教师教学。本节课是一节自然拼读融入阅读教学的研讨课。为了便于教师整体感知一节课中教学资源的优化配置，笔者首先统计与分析整节课中教学资源的选择与使用，然后重点分析语音教学环节中的资源优化配置情况。以下教学过程是根据田湘军老师微信公众号中的教学简案和课堂实录改写而成的，主要包括阅读前、阅读中和阅读后三个环节。语音课教学活动及教学资源见表3-4。

表 3-4　语音课教学活动与教学资源

步骤	教学活动	教学资源
阅读前		
导入 2'	1. 课前热身及问候。 2. 教师唱改编歌曲 "If you are happy and you know it."，并带领全体学生一起做动作，如 "Clap your hands, stomp your feet, stand up please, touch your head, touch your nose, row a boat, go to school, turn to the left, say good morning to teachers, sit down please"。	· 多媒体课件（1页） · 改编歌曲 · 教师情绪、动作、手势、目光等

表3-4(续)

步骤	教学活动	教学资源
自然拼读学习 10'	3. 呈现 O family 字母或字母组合。带领学生朗读第一组词汇，教读个别生词，通过学生回答解释 goldfish 的基本含义；随后让学生结对子用 30 秒时间朗读单词，再点名朗读剩余三组单词。	·多媒体课件（2页） ·教师鼓掌、夸张的声音等 ·活动时间
	4. 呈现含有字母 O 读音的句子。让学生集体朗读前三个句子（见下图）；教读并通过动作解释句子的基本含义；随后，呈现并让学生结对子用 1 分钟的时间朗读剩下的语句；最后，点名学生朗读剩下的句子，教读生词，且通过学生回答、学生参与、师生动作演示等方式解释生词的含义。 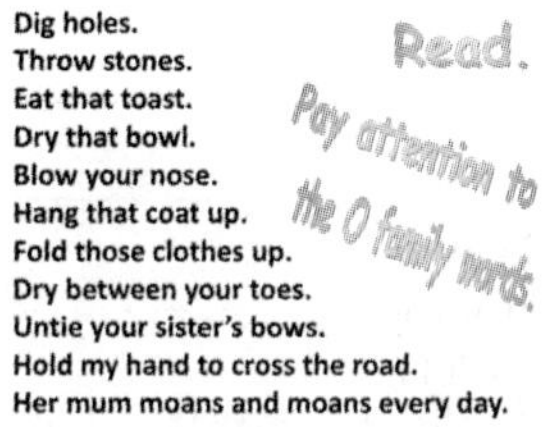 Dig holes. Throw stones. Eat that toast. Dry that bowl. Blow your nose. Hang that coat up. Fold those clothes up. Dry between your toes. Untie your sister's bows. Hold my hand to cross the road. Her mum moans and moans every day. *Read. Pay attention to the O family words.*	·多媒体课件（1页） ·教师动作演示、夸张声音等 ·学生资源（如邀请一个学生与教师手牵手过马路，演示 hold 的基本含义） ·活动时间 ·等待时间
文化背景准备 8'	5. 呈现绘本题目"Moan，moan，moan"，逐个提问学生，并给予相应的反馈，主要问题如下： Do you like moaning? Who likes moaning in your family? Are you happy if he/she moans at you? 呈现绘本封面，引导学生回答以下问题： What can you see in the picture? What is the girl doing?	·多媒体（2页） ·教师模仿声、肢体语言、夸张声音等 ·学生生活经验与言语错误等
阅读中		

表3-4(续)

步骤	教学活动	教学资源
故事理解 15'	6. 提出问题"What does mum moan at?",引导学生集体朗读绘本前三页;让学生利用1分钟时间快速阅读整个绘本,并在学习单上勾画出来相应的答案;阅读结束后,学生同伴分享答案;最后,教师邀请学生说出答案,并给于相应的反馈。	·多媒体(3页) ·教师模仿声、肢体语言等 ·学习单、纸质绘本 ·阅读时间 ·同伴分享
	7. 让学生听音频,跟读绘本。如有必要,教师教读某个单词或句子,或请某个学生解释某个单词的意思,如slowcoach;随后,教师要求学生再次阅读绘本,并回答问题:"What does this girl wish? Why does the girl wish her goldfish was her mum?";以小组为单位,利用30秒钟围绕问题展开讨论,讨论时可以使用母语;抽学生回答问题,并给予反馈。	·多媒体(16页) ·绘本与音频 ·教师动作与声音演示 ·学生的言语错误与母语等 ·讨论与等待时间
阅读后		
讨论 5'	8. 利用多媒体课件呈现问题:"Why does Mum moan at us? What should we do when Mum moans at us?";学生同伴或小组进行讨论;在此基础上,教师进行情感升华:"Mum moans at us because she loves us. She cares about us. We should understand our mum and grow fast so that our mum will not worry about us."从而实现本节课的育人价值;最后,教师演唱改编歌曲"If you are happy and you know it",宣布下课。	·多媒体(3页) ·教师情感投入 ·学生的生活经验 ·改编歌曲

在 *Moan*,*Moan*,*Moan*!课中,结合表3-5分析发现,教学资源结构具有多样性、整合性和个性化的特点。

表 3-5　语音教学资源类型

步骤	素材性资源		条件性资源	
	生命载体	非生命载体	有形资源	无形资源
阅读前	·教师（动作演示生词的含义；用老奶奶的声音模仿唠叨；饱满情绪、手势、目光等教态）·学生（有关家人唠叨的已有生活经验；错误言语；母语等）	·课件（6页）·改编歌曲	场地：报告厅设备：多媒体、白板、笔记本电脑、扩音器、话筒、灯光等	·结对子时间·讨论时间·等待时间·纠错时机·轻松的学习氛围
阅读中		·课件（19页）·绘本·音频		
阅读后		·课件（3页）·改编歌曲		

（1）资源的多样性。在本节课中，教师选择与使用了多种素材性资源和条件性资源。首先，通过整合英文绘本、多媒体课件、自编歌曲和音频等素材性资源，教师成功地营造了一个充满趣味的学习氛围。这些资源不仅为学生提供了学习材料，还增强了学生的课堂体验感。与此同时，教师还整合使用了课堂时间资源。本节课的时间为：阅读前20分钟，这为自然拼读的学习提供了足够的时间资源；阅读中15分钟，这可以保证学生有充足的时间来深入理解和吸收所学的自然拼读知识；阅读后5分钟，引导学生探讨文本的主题意义。同时，在整个教学过程中，教师还注重给予学生充分的讨论时间和活动完成时间，以及在提问后给予学生适当的思考时间。这些细节体现了教师对时间资源的精准把控，旨在促进学生的深入思考和有效学习。

（2）资源的整合性。整合性是本节课教学资源配置的又一个显著特点。这种整合性在某一个教学活动中体现得尤为明显。教师通过精心设计，将不同类别的教学资源有机整合，形成一个健康和谐的教学活动生态环境。例如，在阅读前，学生利用读音规则拼读含有字母"o"及字母组合的单词拼读活动中，教师整合了多媒体课件、教师与学生资源、活动时间和等待时间等不同资源，使其形成合力，促进目标读音规则的学习。具体而言，教师首先通过多媒体课件展示单词和发音规则，然后亲自示范正确的发音，同时鼓励学生模仿和练习。在学生练习的过程中，教师耐心地等待，给予学生足够的时间来尝试和自我纠正，同时注意倾听学生的发音，及时提供个性化的反馈和指导。此外，教师还营造了趣味性与互动性兼并的课堂氛围。这种整合性的资源配置不仅提高了教学的连贯性，也让学生在参与体验中更加深刻地理解和掌握语音规则，从而实现了教学资源的最大化利用和教学目标的达成。

（3）资源的个性化。在这节课中，教学资源的使用体现了个性化特点，而这一特点主要体现在教师对资源的运用上。本节课的多媒体课件聚焦教学内容的清晰展示，避免了过多的装饰，从而确保其实用性。这种设计减少了不必要的视觉干扰，使学生能够全神贯注于学习过程。与此同时，教师也未过度依赖各种精美教具来吸引学生的注意力，而是凭借自身独特的人格魅力和教学风格来与学生建立情感联系。教师通过饱满的情绪、个性化的语言、富有表现力的手势和目光交流，来激发学生的学习兴趣，促使他们全身心投入课堂。例如，在阅读前的词汇教学环节，教师通过动作演示、模拟动作或声音模仿，帮助学生直观地理解生词的基本含义。在讲解"moan"一词时，教师模仿老奶奶唠叨的声音，生动地呈现了该词的含义。这种声音的模仿不仅增加了课堂的趣味性，还加深了学生对语言的感知。这种个性化的教学资源使用策略，不仅展现了教师独特的教学风格，也体现了教师在资源优化配置上的娴熟技巧。即使在教学资源相对较少的情况下，教师依然能够取得良好的教学效果。

3.5.3　语音教学资源优化配置的效益分析

资源优化配置对语音教学效果有着直接的影响。在此，笔者借助多个课堂教学片段，分析多个教学资源（生命载体资源与非生命载体资源、有形资源与无形资源）在激发学生的兴趣与动机、提升学生参与度、促进学生感知 o 及其字母组合读音规则等方面的实际作用。

（1）通过整合歌曲、多媒体以及自身所拥有的资源，有效激发学生的学习兴趣与动机。在本节课的语音教学部分，教师运用了多种教学资源激发学生的学习兴趣和动机。教师改编幸福歌、夸张的声音、得体的肢体语言成功吸引了学生的注意力，并使语音学习变得生动有趣。同时，教师正面的反馈和鼓励，如适时的表扬和肯定，能够增强学生的自信心，从而有效地激发了他们的学习动机。在课堂的开始，教师以模仿呼噜声开场。这种幽默而富有创意的方式，不仅吸引了学生的注意力，也为整个学习过程创造了积极、愉快的课堂氛围。接着，通过"唱与做"活动，学生在享受音乐和动作的同时，也在不知不觉中接触到字母 o 及组合的发音。这不仅提高了学生的参与度，还成功激发了他们对英语学习的热情。请看以下教学片段：

T：（模仿呼噜声）Hey, wake up. Three, two（戏剧化语气）. Okay! Take it easy and relax ourselves. We are going to have our English lesson. So are you ready?

Ss：Yes.

T：Really? Are you happy?（走向黑板）

Ss：Yes.

T：Really? Look at the screen here, look（指向课件）. Dong dong, dong dong（语气词）.

Can you read it（手指向课件）?

Ss：Are you ready?（与学生一起朗读）

T：Very good. And the second one.

Ss：Are you happy?

T：Oh yeah!

Ss：If you're happy and you know it.（与学生一起朗读）

T：Here is a song, we are going to use this song to start our English lesson（慢慢靠近学生）. Are you ready（双手展开）?

Ss：Yes.

T：Here we go. If you happy and you know it, clap your hands ...（老师双手竖起大拇指、拍手、唱歌，学生做动作）

T：If you're happy and you know it, stamp your feet（抬脚并用手指着脚）. If you're happy and you know it, stand up, please（双手抬高演示学生站起来）. If you're happy and you know it, never be afraid to show, if you're happy and touch your head（双手放到头上）.

SS：（跟着老师做动作）

T：If you're happy and you know never be afraid to show, if you're happy and know it, touch your nose（双手指向鼻子）.

SS：（跟着老师做动作）

T：Ifyou're happy, clap your hands（拍手）. If you're happy and you row a boat（双手演示划船动作）, if you're happy and you know it, never be afraid to show if you're happy and you know it, go to school（双手放肩上演示背书包动作）.

SS：（跟着老师做动作，且笑出了声音）

T：If yyou're happy and you know it, turn to the left（手指向观众席）. If you're happy and you know it, and say "Good morning, teachers"（双手放嘴边呈喇叭状）.

SS：Good morning, teachers！（模仿老师的动作）

T：If you are happy, and you know it, never be afraid to show, if you're happy and you know it, sit down please（手部呈现坐下姿势）.

SS：坐下.

T：Excellent. Haha, just now we sang the song if you're happy and you know it（走向屏幕）, and here I'm sure you can read, very easy（课件呈现 go to school）.

SS：Go to school.

T：Very good. Go to school. Then what about this one?

Ss：Touch your nose.

T：Yeah, touch your nose（演示摸鼻子的动作）. OK, then what about this one?

Ss：Row your boat.

T：Row your boat（演示划船动作，并放慢读速）. Very good! And look, magic power（右手张开，慢慢地移向屏幕并伴随模仿魔法的声音）. Dong dong（语气词）. Now, please read these words（手指向大屏幕，并且左手放在耳朵旁做出聆听动作）.

Ss：Go.

在这个教学片段中，教师结合教学需要改编了一首学生熟悉的歌曲 *"If You're Happy and You Know It"*。教师通过唱歌和做动作的方式，让学生在轻松愉悦的课堂氛围中接触目标读音。从学生的面部表情及笑声可以看出，改编歌曲这一资源有效地激发了学生的学习兴趣。在学生朗读 "go to school" "touch your nose" "row your boat" 之后，教师又及时给予了 "Very good" "Excellent" 等正面反馈。这种积极的肯定进一步激发了学生的学习动机，增强了他们的自信心。

（2）整合多媒体课件与教师自身资源帮助学生逐步感知读音规则。本节课的一个教学目标是：能识别字母 o 及 ow 和 oa 字母组合的读音规则，并准确拼读单词。为了达成这一目标，教师通过多媒体课件展示了包含字母 o 及字母组合的已知词汇（见图 3-5 左），并创造性地将它们归纳为"o family"，这有助于学生通过关联来感知读音规则（见图 3-5 中）。随后，教师在四个"o family"小家庭里面进一步呈现了相应的目标词汇（见图 3-5 右），并引导学生朗读。这有助于学生进一步加深对读音规则的理解。在教学过程中，教师还提供及时的纠音指导，如对"stone"一词的正确发音进行纠正，这不仅提升了学生的发音准确性，也强化了他们对读音规则的掌握。教师借助多媒体课件这一教学资源，通过这种课件视觉展示和口头练习的方式，有效地促进了学生对语音知识的感知和学习。

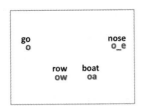 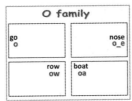 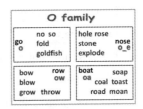

图 3-5　包含字母 o 及字母组合的已知词汇和读音规则

（3）整合学生、教师自身与时间等多种资源，以提升学生的课堂参与度。在本节课中，教师在课堂上通过精心安排时间资源，如设置活动时间限制和合理安排教学环节，有效管理课堂节奏，提高教学效率。与此同时，教师借助语言鼓励，诸如适时给予表扬和肯定，来增强学生的自信心，激发他们的学习动力。此外，教师运用肢体动作，如生动的手势和丰富的面部表情，作为非语言沟通的重要方式，来吸引学生的注意力，使教学过程更加直观和有趣。这些资源协同发挥作用，可以提升学生的课堂参与度，改善他们的学习体验。请看以下教学片段：

T：I'm going to give you just 30 seconds（手上比着 30），so you can practice reading these words（指向大屏幕的单词）in pairs（指向学生），understand？

Ss：Ok

T：Ok, go, go, go, read it.（在一旁观看）

Ss：（practice reading）

T：Emhenhenhen（语气词）. OK, now any volunteers（手举高）？Who'd like to stand up and read the words on the screen. Any volunteers？（手举高）Ok, that boy please. Here's microphone.（手指向一个男生，并快速跑到男生面前）. Emmmm（语气词），wait a minute.（小跑回讲台）OK, here we go

（手指着 nose 单词框）. OK, this one?（手指 hole）

 S1：Hole, rose ...

 T：Oh, one by one, OK?

 S1：Hole

 T：Yes.（手指 rose）

 S1：Rose.

 T：Rose, yes.（手指 stone）

 S1：Stone.

 T：OK, o, o, stone.（纠错）

 S1：Stone.

 T：Yes, this one?（指向 explode）

 S1：Explode.

 T：Wow（惊讶的语气）, excellent. Explode（学生跟读）, begins（示意学生鼓掌）! Well done, sit down, please. Thank you, the microphone is for you, hah. Then what about these words?（指向下面两框单词，并举手）that boy, please stand up and pass the microphone to him（手指向举手的男孩）. Yeah, thank you.

在此教学片段中，教师巧妙地借助时间资源和学生资源，以提升学生的课堂参与度。通过给学生 30 秒钟的时间独自朗读剩下三组单词，教师营造了一个紧张而充满活力的学习氛围，这样的时间限制激发了学生的紧迫感，促使他们更加专注于任务。这种资源不仅提高了学生的参与度，而且通过在有限的时间内进行练习，增强了学生对 o 字母（组合）读音的记忆和理解。随后，教师请学生自愿朗读屏幕上的单词。教师借助举手示意、表情传达、声音表现、麦克风等资源，鼓励学生积极参与。在学生朗读过程中，教师善于抓住学生的读音错误"stone"，并耐心地纠正发音。这种即时反馈有助于学生立即改正错误，进而加深对正确发音的认识。当学生准确朗读单词后，教师用惊讶和赞赏的语气回应，如"Wow, excellent"，这种正面的强化不仅肯定了学生的努力，也激励了其他学生积极参与。教师的这种鼓励和赞赏，加之学生之间诸如传递麦克风之类的互动，共同营造出一个极具支持性与互动性的学习环境。

4 小学英语词汇课堂教学 资源优化整合的实践研究

4.1 课标中词汇知识内容要求的解读

英语词汇学习在小学阶段是基础且关键的部分，它涵盖了单词、短语、习惯用语和固定搭配等多种形式。《2022 版义教课标》从量和质两个方面对小学阶段的词汇学习做出了明确的规定。由课标附录 3 可知，学生需要学习和掌握 505 个单词的基本词汇，并根据地区的实际情况，可以额外增加 100~300 个单词。除此之外，学生还需学习包括月份、星期、地理名称、重要节日名称、中国文化专有名词以及数词（基数词和序数词）和不规则动词的过去式等方面的相关词汇。这样的要求意味着小学阶段的学生词汇量应达到 1 000 个。词汇知识内容的一、二级要求见表 4-1。

表 4-1　词汇知识内容的一、二级要求

级别	内容要求
一级	·知道单词由字母构成； ·借助图片、实物理解词汇的意思； ·根据视觉或听觉提示，如图片、动作、动画、声音等，说出单词和短语； ·根据单词的音、形、义学习词汇，体会词汇在语境中表达的意思
二级	·在语境中理解词汇的含义，在运用中逐渐积累词汇； ·在特定语境中，运用词汇描述事物、行为、过程和特征，表达与主题相关的主要信息和观点； ·能初步运用 500 个单词，就规定的主题进行交流与表达，另外可以根据实际情况接触并学习三级词汇和相关主题范围内 100~300 个单词，以及一定数量的习惯用语或固定搭配

在词汇学习质量的问题上，依据一、二级"词汇知识内容要求"，教师应该考虑词汇学习的多个维度：一是词汇的发音和拼写，二是词汇的基本含义及在特定语境中的意义和用法，三是词汇的语用知识和文化知识，四是在特定语境中灵活运用所学词汇。对于词汇的学习和运用，课标通过采用"知道""理解""说出""体会""运用""描述""表达""交流"等行为动词，清晰地界定了学生在词汇学习上应达成的具体行为目标。同时，课标也强调教学资源在词汇学习中的支撑作用，指出教师应利用图片、实物、动作、动画、声音等多种资源和条件，帮助学生在语境中学习和使用词汇。这表明，在词汇教学中，教师应树立正确的资源意识，认识到合理利用教学资源对于实现词汇学习质量的要求至关重要。

4.2　教材中词汇教学内容的整体解读

为了整体把握教材中的词汇教学内容，教师可以以每册书的每个单元为单位，从词汇编排方式、词汇量、词汇分布三个维度对其进行分析，以为合理优化词汇教学资源配置提供参考依据。在沪教版小学英语教材中，每册书共包括四个模块，每个模块又包含三个单元。下面以沪教版全套教材为例，对教材中的词汇教学内容进行整体解读。

4.2.1　词汇内容编排方式

在词汇编排方式上，目录板块中列出了每个单元的核心词汇，每册书后面包含词汇表、日常表达、专有名词（人名、地名、书名、节日名称、中国文化专有名词）、序数词、不规则动词的过去式等（见表4-2）。不同学段的教材内容略有不同。例如，三年级教材有一个按字母顺序编排的词汇表，而四年级、五年级、六年级教材则还包括一个按照单元编排的词汇表。除核心词汇外，单元词汇表中还列出了其他非核心词汇。通过与课标附录3对比发现，除月份和星期未单独列出之外，教材覆盖了课标规定的大部分词汇内容。

表4-2　教材词汇教学内容的编排方式

项目	三年级上册	三年级下册	四年级上册	四年级下册	五年级上册	五年级下册	六年级上册	六年级下册
目录核心词汇	√	√	√	√	√	√	√	√
字母顺序词汇表	√	√	√	√	√	√	√	√
单元词汇表			√	√	√	√	√	√
日常表达	√	√		√	√	√	√	√
专有名词			√	√	√	√	√	√
序数词					√			
不规则动词过去式							√	√

4.2.2　核心词汇量统计分析

与其他教材的编排方式不同，沪教版教材除单元词汇表（三年级除外）和按字母顺序排列的单词列表外，还在目录中的 Words & Expressions（三年级）和 Key Words（四年级到六年级）板块列出了每个单元的核心词汇，具体情况如图4-1所示。

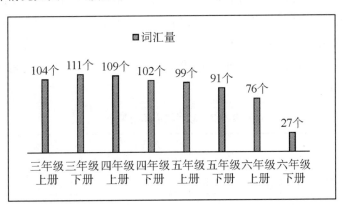

图4-1　不同年级词汇量统计

从全套书的核心词汇量来看，总共719个。其中，三年级上册共104个核心词汇，占全套教材的14.46%；三年级下册共111个，占全套教材的15.43%；四年级上册共109个，占全套教材的15.15%；四年级下册共102个，占全套教材的14.18%；五年级上册共99个，占全套教材的13.76%；

五年级下册共91个，占全套教材的12.66%；六年级上册共76个，占全套教材的10.55%；六年级下册共27个词汇，占全套教材的3.8%。通过核心词汇量数据统计发现，教材在核心词汇量的分配上存在一些问题。例如，词汇量的增长与学生认知能力的提升不成正比，尤其在高年级阶段，词汇量的减少无法满足不同学生日益增长的语言学习需求。六年级下册的词汇量显著下降，仅占全套教材的3.8%，这样很难充分挖掘学生在高年级阶段语言学习方面的潜力。这种分配或许会造成教学资源的浪费，原因在于学生在这个阶段通常具备较高的认知能力，足以高效学习新词汇。

从表4-3可以看出，每单元的核心词汇量也存在显著差异。三年级上册的核心词汇最多的单元有11个词汇，最少的单元有3个词汇，平均每个单元有8.3个词汇；三年级下册的核心词汇最多的单元有12个词汇，最少的单元有6个词汇，平均每个单元有8.8个词汇；四年级上册的核心词汇最多的单元有12个词汇，最少的单元有6个词汇，平均每个单元有9.08个词汇；四年级下册的核心词汇最多的单元有16个词汇，最少的单元有5个词汇，平均每个单元有8.5个词汇；五年级上册核心词汇最多的单元有11个词汇，最少的单元有6个词汇，平均每个单元有8.25个词汇；五年级下册的核心词汇最多的单元有10个词汇，最少的单元有3个词汇，平均每个单元有7.58个词汇；六年级上册的核心词汇最多的单元有11个词汇，最少的单元有4个词汇，平均每个单元有6.33个词汇；六年级下册的核心词汇最多的单元有7个词汇，最少的单元为0个词汇，平均每个单元有2.25个词汇。

表4-3　教材核心词汇量统计

单元	三年级上册		三年级下册		四年级上册	四年级下册	五年级上册	五年级下册	六年级上册	六年级下册
	词汇	表达	词汇	表达	核心词					
U1	3	0	9	0	8	7	7	10	5	5
U2	6	1	9	0	8	9	7	8	5	7
U3	6	0	9	0	9	10	8	7	11	4
U4	10	0	11	0	10	11	6	8	5	6
U5	7	0	6	1	7	8	11	10	7	5
U6	10	0	12	0	7	8	9	5	4	0

表4-3（续）

单元	三年级上册		三年级下册		四年级上册	四年级下册	五年级上册	五年级下册	六年级上册	六年级下册
	词汇	表达	词汇	表达	核心词					
U7	9	1	9	2	12	7	8	7	6	0
U8	11	1	7	1	9	10	7	10	6	0
U9	11	0	11	0	12	16	10	10	7	0
U10	10	1	6	0	12	5	11	7	9	0
U11	8	0	8	0	6	5	9	6	4	0
U12	9	0	9	1	9	6	6	3	7	0

  针对小学高年级教材词汇量减少的问题，教师可以围绕教材的单元主题，充分考虑学生的兴趣与爱好、认知水平和语言能力，精心选择并整合其他教学资源，如英语阅读材料、新闻报道、电影、歌曲等。借助这些资源，教师可以巧妙地引入与单元主题密切相关的新词汇，尤其是对于六年级的学生来说，这种方法尤为有效。这种做法不仅能够弥补教材词汇量的不足，还能持续促进学生语言能力的增强。通过这种方式，教师可以有效解决随着年级递增而教材词汇量减少的问题，确保学生在词汇学习方面得到均衡且持续的资源支持，为他们顺利过渡到初中的英语学习奠定坚实的基础。

4.2.3 单元核心词汇出现频次分析

  教材编写者通常会采用一种融合的方式来安排词汇教学，将词汇教学融入其他语言知识和语言技能学习板块中。这种方式不仅有助于学生在各种语境中巩固和加深对词汇的理解，而且能够提高他们运用词汇的能力。例如，听力材料，如对话或故事，可以设计成包含特定词汇的材料，以让学生在掌握听力技能的同时，接触到新词汇。阅读部分则可以通过精心挑选的文章或故事，将词汇融入有趣的内容中，让学生在提升阅读技能的同时学习新词汇。写作和口语练习则提供了实践机会，让学生将学到的词汇运用到实际的写作和口头表达中。此外，通过跨学科的整合，一些教材将词汇学习与历史、地理等其他学科的知识相结合，从而加深学习的深度并拓宽学习的广度。这种多角度、多层次的词汇设计策略，旨在通过不断地实践，帮助学生全面掌握词汇，提高语言运用的灵活性和准确性。

在沪教版教材中，每个单元的核心词汇均分布不同的板块之中，如听与说（Listen and say）、看与学（Look and learn）、阅读（如 Look and read、Read a story、Enjoy a story）、口语（如 Do a survey、Say and act、Make and say）以及写作（如 Read and trace、Think and write）等板块。以六年级下第一模块 Changes and differences 第二单元 Changes in our lives 为例，本单元包括 7 个核心词汇，这些词汇主要分布在听与说、看与学和读故事三个板块（见表 4-4）。其中，street 出现频次最高，为 5 次；其次是 life，出现了 4 次；write，poor，wish 均出现了 3 次；drive 出现的频次最低，为 1 次。同时，大部分核心词汇主要集中出现在某一个或某两个板块，而词汇板块中的词汇数量仅有三个。由此可以看出，核心词汇在单元中的分布并不均匀。为了更有效地开展词汇教学，教师需要对其进行再次加工，使其在整个单元的复现率更高，进而帮助学生更有效地学习和掌握目标词汇。

表 4-4　单元核心词出现频次示例 1

核心词	题目	听与说	看与学	读故事	调查	听与欣赏	总频次
life	1	0	0	1	0	2	4
write	0	2	1	0	0	0	3
street	0	4	1	0	0	0	5
cleaner	0	2	1	0	0	0	3
drive	0	1	0	0	0	0	1
poor	0	0	0	3	0	0	3
wish	0	0	0	3	0	0	3

再以四年级上册第四模块 The world around us 第十二单元 Weather 为例，本单元包括 9 个核心单词，这些单词主要分布在听与说、看与学、做与说、说与演以及听与欣赏五个板块（见表 4-5）。核心单词的复现率揭示了不同教学板块里词汇使用在多样性和频率方面的情况。其中，sunny 一词以 8 次的高频率出现，成为本单元的焦点词汇；cloud 则以 1 次的出现频率成为使用最少的词汇。在各教学板块中，做与说板块尤为突出，其中 rainy，cloudy，windy 和 sunny 均出现了 4 次，显示出这一板块提供了丰富的语言实践机会，有助于学生深入理解并内化语言。相比之下，听与说板

块虽然涉及 5 个单词，但除 weather 出现 4 次外，其他单词的出现频率较低。看与学板块虽然覆盖了 8 个词汇，但除 weather 之外，每个词汇仅出现 1 次。此外，在说与演板块中，rain，sun 和 wind 各出现了 2 次，而 weather 和 windy 则各出现了 1 次。从均衡性角度来看，weather，rainy，sunny 和 windy 在 4 个活动中都有出现，而 cloudy 则在 3 个活动中出现，这显示出较好的均衡性。而 rain，sun 和 wind 则在两个活动中出现，需要在教学中进一步强化。基于上述分析，教师可以有针对性地调整教学资源，增加对低频词汇的使用，优化活动设计，并确保所有核心词汇在其他语言知识教学和语言技能教学中都能体现出均衡性和多样性，进而促进学生对词汇的全面理解和有效运用。

表 4-5 单元核心词汇出现频次示例 2

核心词	题目	听与说	看与学	做与说	说与演	听与欣赏	总频次
weather	1	4	0	1	1	0	7
rainy	0	1	1	4	0	1	7
cloudy	0	1	1	4	0	0	6
windy	0	1	1	4	1	0	7
sunny	0	2	1	4	0	1	8
cloud	0	0	1	0	0	0	1
rain	0	0	1	0	2	0	3
sun	0	0	1	0	2	0	3
wind	0	0	1	0	2	0	3

4.3 教材词汇教学资源的功能与价值

沪教版教材中的主要词汇教学资源包括：目录中的核心词汇和附录部分提供的单元词汇表、词汇索引表、日常表达、专有名词（比如人名、地名、书名、节日名称等）、序数词、不规则动词的过去式等重要信息；教材中的插图、视频、音频等。从教学资源的功能与价值出发，教材中的每一种词汇教学资源有着不同的编排意图：一是目录中的核心词汇通常是每个单元教学的重点话题词汇。这些词汇是每个单元教学的核心,围绕单元主题展开。将它们单独列出,有助于教师在备课时明确教学重点,同时让学生对于即将学习的内容有清晰的了解,从而更有针对性地准备和参与学习活动。二是作为复习资源,词汇表让学生能够系统地回顾和巩固所学词汇。这种集中的复习方式有助于加深学生的记忆,同时也方便学生在需要时快速查找和复习,进而提高了学习效率。三是单独列出日常交流中常用的短语和句子结构,可以让学生能够在真实语境中更自然地运用语言。这种实用性强的资源有助于学生提高语言的实际运用能力,使语言学习更加贴近生活实际。四是专有名词包括地理名称、重要节日名称等。这些词汇与文化紧密相关,有助于增强学生对本国及世界文化的认识和理解。单独列出这些词汇后,教师可以整体把握文化意识的培养目标。五是序数词是英语学习中的一个重要内容,单独列出序数词可以为学生提供系统、完整的参考资源。这有助于学生在学习过程中随时查阅和复习,确保他们对序数词有全面的了解。六是不规则动词的过去式是英语语法中的一个重要部分。它在描述过去事件时起着不可替代的作用,且其形式往往不遵循常规规则,单独列出有助于学生集中精力记忆和掌握动词的特殊形式。

综上所述,单独列出这些词汇有助于教师把握词汇教学的重点和难点,提升教学效率,同时也能够更好地满足学生在不同学习阶段的需求。在课堂教学中,教师应用充分挖掘每一种词汇教学资源所特有的功能与价值,并据此设计相应的教学活动,以最大化地发挥它们在教学中的作用。

教材插图是词汇教学中的重要教学资源。它不仅是词汇教学的媒介,还是词汇学习的重要内容,因而它理应成为教学目标的重要组成部分。比如,在某节课结束后,学生不仅能够借助插图理解词汇的基本含义或语境含义,还能够用这些词汇来描述插图。根据视觉设计语法(Grammar of visual design),插图具有再现意义、互动意义和构图意义三大功能。其中,再现意义是指图像能够再现客观世界中的各种经验,可分为概念再现和叙事再现。概念再现侧重文字含义的再现,而叙事再现则主要通过参与者、过程、环境与属性等图像元素再现客观世界中的人、动物、地点、事物与事件,其中参与者是图像中的人与物,过程是正在发生的行为动作,环境包括场景、手段和伴随物,属性指参与者的特性。

在词汇教学中,教师可以根据再现意义充分挖掘插图的功能与价值,并将其转化一定的教学或学习活动。一是概念再现侧重文字含义的再现。

对于具体词汇（concrete vocabulary），教师可以通过插图直接呈现词汇所指代的具体事物或抽象概念。例如，对于教授自然界的词汇，如 lake 或 river，教师可以选用相关图片，让学生直观感受到这些词汇的基本含义。对于抽象词汇（abstract vocabulary），如 happiness 或 freedom，教师则可以通过插图中的特定场景或故事中的人物表情来帮助学生感知与理解其含义。二是叙事再现是通过插图中的参与者、过程、环境与属性等元素，构建一个有故事性的学习情境。在词汇教学中，教师可以利用插图中的人物和动物作为参与者，通过他们的动作和表情来教授具体词汇和抽象词汇。例如，一张展示孩子们在操场上玩耍的插图，可以用来教授 play，run，jump 等动作词汇。同时，插图中的场景和伴随物构成了环境，为词汇提供了使用的语境。属性的展示则关注参与者的特性，这有助于教授描述性词汇。通过展示不同颜色、形状或大小的对象，教师可以帮助学生学习并区分 red，round，big 等形容词。此外，通过比较插图中不同人物的服饰、表情或行为，学生可以学习到描述人物特征的词汇，如 kind，energetic，quiet 等。总之，通过深入挖掘插图的再现意义，教师可以设计出更为丰富多样的教学活动，使词汇学习变得更加直观、有趣且更具成效。插图不仅能够加深学生对词汇的记忆，还能促进他们对语言的理解和运用，从而在词汇教学中发挥更大的作用。

4.4　课堂非教材词汇教学资源的合理开发

教学资源是教学活动开展的条件和载体。在词汇课堂教学中，教学活动通常包括词汇的呈现、词汇的记忆与内化以及词汇的使用与检测三个主要环节。从教学资源服务教学活动出发，教师需要选择与整合多种教学资源，以此推动教学意图的达成以及真正学习的实现。

4.4.1　词汇呈现中教学资源的使用

在词汇的呈现环节，教学资源的功能与价值主要是帮助学生感知与理解词汇的音、形、义。为了帮助学生感知词汇的音，教师自身是一种重要的资源。教师能够提供准确的示范，同时运用条件性教学资源，如借助电脑或录音机播放录音，引导学生进行模仿。现代技术提供了丰富的教学资源，如在线语言学习平台、学习软件和应用程序，这些都可以帮助学生接触标准发音。

为了增强学生对单词结构的感知与理解，教师可以运用视觉、听觉和动作相结合的资源策略，包括：一是板书拆分——在黑板上写下单词，并在每个音节之间留出空间或使用斜线、下划线等标记；二是朗读与停顿——在朗读单词时，可以在每个音节之间稍做停顿，让学生有时间分辨每个音节；三是手势辅助——使用手势来模拟音节的分割，如用手指在空中划过，或者用手掌轻轻拍打桌面；四是视觉标记——使用不同颜色的粉笔或标记笔来标记音节，使学生能够更容易地区分不同的音节；五是多媒体演示——利用多媒体工具，如动画或视频，展示单词的音节结构和发音；六是提问互动——向学生提问有关单词音节的问题，如"这个单词有几个音节？"或"这个音节怎么发音？"；七是词汇墙设置——在教室内设置词汇墙，定期更新和展示新词汇，让学生在日常生活中不断接触和复习。这些方法有助于学生更全面地理解和记忆单词的形态。

从教学资源的角度来看，采用上述策略意味着教师需要选择与整合不同的教学资源。一方面，教师资源，包括个人技能、专业知识和创造力，是教学成功的核心。教师发音的准确性和手势表达能力，对于帮助学生理解和模仿单词的音节结构而言至关重要。另一方面，条件性资源，如多媒体设备、音视频和教室布局，为教师提供了多样化的教学手段。多媒体设备通过展示动画和视频，使抽象的音节概念变得更加直观易懂。音视频材料提供了标准的发音示范，以帮助学生进行模仿和学习。而教室布局，如词汇墙和学习角，创造了一个有利于学习的环境，让学生在日常生活中不断接触和复习新词汇。

为了帮助学生更好地感知与理解单词的意义，教师可以开发与整合多种资源来展示这些单词的含义。一是利用不同视觉刺激，如图片、实物、简笔画等，为学生提供图像与单词含义之间的直观联系，这有助于学生快速识别单词的含义。二是通过模拟表演和肢体语言，包括表情、姿势、动作和手势，教师可以以非语言的方式丰富教学内容，使得抽象的概念变得生动，从而加深学生对单词含义的理解。此外，教师还可以通过母语翻译、定义、举例、概念提问和上下文语境，多角度地阐释单词，帮助学生理解单词的基本含义或特定语境中的意义。同时，字典的使用旨在鼓励学生进行自主探索，以培养他们的自学能力。同伴互动，如小组讨论，可以促进学生之间的交流，并通过不同看法的碰撞，帮助他们加深对单词意义的理解。这些资源的整合运用，不仅可以提高学生的词汇学习效果，还可以培养他们的批判性思维和自主学习能力。教师应根据学生的具体情况和需求，灵活运用这些资源（见表4-6），旨在取得更为显著的教学成果。

表4-6 词汇呈现中的教学资源示例

单词呈现	资源示例
音	教师示范、电脑、录音机等
形	板书、多媒体课件、闪卡、师生书空等
义	视觉刺激（闪卡、图片、简笔画、实物）；模拟表演与肢体语言（表情、姿势、动作、举止、手势、目标）；母语翻译、给定义、举例子、概念提问、上下文语境；字典；同伴等

4.4.2　词汇记忆与内化中教学资源的使用

在词汇教学中，教师的任务不仅在于呈现词汇，更在于设计活动以促进学生对词汇的记忆与内化。依据复杂动态系统理论，为了帮助学生记忆与内化词汇，教师在选择与整合教学资源时，需要全面考虑学生的内在因素（如现有知识水平、学习动力、兴趣、专注力和记忆力），以及外部的教学条件（如多媒体、图像、卡片和实物等）。这种内外资源的有机结合有助于构建一个支持学生记忆与练习词汇的教学环境，进而提高词汇教学的效果。因此，教师应根据学生的实际情况和具体的教学目标，灵活地选择与整合各类资源，以达到更优的教学成效。例如，为了巩固词汇的发音，教师通过自身示范，并借助音频或电脑开展模仿和重复活动。为了帮助学生在词汇的音、形、义之间建立联系，教师可以选择闪卡、图片、实物等教学用具，让学生拼读相应的词汇。以下结合两个优质词汇记忆与内化活动，探讨教学资源的合理配置与使用。

示例1　词汇记忆游戏

在这个活动中，教师首先将全班学生分成两组，并给每组提供一张相同的图片（见图4-2）。然后，教师给学生一两分钟时间，让他们看图片，但不要透露需要记住的人或物品。在观察时间到后，教师从各组拿走图片。随后，每个小组选出一名学生，代表小组负责发言。接下来，教师可以问一些封闭式问题（Yes/No）或开放式问题（例如："How many people are there in the picture?"）。每组讨论结束后，由该组的代表向教师汇报小组的共识答案。每个回答正确的小组，将会获得相应的分数奖励。

图 4-2　记忆游戏图片

　　活动评析：在此活动中，首先，教师通过让学生观察图片，合理地利用了视觉辅助工具来吸引学生的注意力并激发他们的兴趣，成功激活了学生的内在资源和潜力。其次，在教学过程中，教师合理设定师生之间的时间限制，并安排好后续的讨论环节，这能够有效促进学生之间的互动。这种小组合作学习的方式有助于学生通过交流和讨论，有效巩固所学知识，加深记忆。此外，通过提问和分数奖励机制，教师为学生提供了即时反馈，这种外部激励措施能够进一步激发学生的学习动力，同时也是对学生内部动机的一种补充。教师在活动中的提问策略，包括封闭式和开放式问题，旨在引导学生进行更深层次的思考和信息处理，从而加深其记忆。最后，教师还可以根据学生的反应和学习进度，灵活调整教学资源的使用，包括提供额外的图片、音频或其他辅助材料，以满足不同学生的学习需求，确保每个学生都能在这一学习过程中获得成功体验。通过这样的教学资源配置，教师能够创造一个支持性和互动性强的学习环境，进而有效提升学生的词汇记忆效果。

示例 2　动作猜谜游戏

　　在这个活动中，教师首先准备两套卡片，一套卡片上书写着副词，另一套卡片上书写着动词。在开展活动时，教师将学生分为 A 组和 B 组，A 组派出一名学生代表走到教室前面。这名学生从讲桌桌面上面朝下的卡片中各抽取一张。例如，学生可能会抽到这样的卡片组合，如"run/slowly"。随后，该学生通过肢体语言来表演这个动作，A组的其他成员有45秒的时间来猜测这个动作。如果A组的学生在规定时间内猜对了相应动作，那么A组将获得一分。接下来，轮到B组选派一名学生走到教室前方，进行同样的游戏。这个游戏非常有趣，尤其是当学生们挑选一些奇特的动作，比如sleep clumsily这个动作时。

活动评析：在这个词汇学习活动中，学生的兴趣动机和肢体语言作为内部资源，与教师准备的卡片、设定的时间限制和分数奖励等外部条件资源相互整合，共同推动了学生对新词汇的记忆与内化。该活动通过激发学生的兴趣与内部动机，通过游戏化的互动方式，能让词汇学习变得更加有趣。这种趣味性不仅提高了学生的参与度，也提升了他们对新词汇的内化成效。通过动作表演，学生们在非语言层面上演示了词汇的意义。同时，时间限制为活动增添了几分挑战，促使学生在紧张的氛围中快速思考和反应。这不仅提高了他们的学习效率，也锻炼了他们在短时间内准确使用词汇的能力。而分数奖励作为一种外部激励，可以进一步激发学生的积极性，让他们以更投入的状态参与到词汇的学习和运用中。

4.4.3 词汇使用与检测中教学资源的使用

一旦学生记住了新词汇，教师就需要设计词汇运用活动，以促使学生运用新学的词汇进行交流。在设计词汇运用活动时，教师应避免脱离语境的机械记忆与操练，要确保词汇在语境中反复出现，以帮助学生有意识地使用词汇表达意义。在创设语境时，教师可以使用集视频、音频、图片与文字于一体的多媒体，同时整合学生内部资源，如兴趣、动机、已有生活经验、已有语言知识等，以及利用外部资源，如新闻报道、电影片段、AI技术等，来丰富教学形式。通过整合不同的教学资源，教师可以设计出更加生动、有趣且有效的词汇运用活动。此外，从教学评一体化的角度出发，教师可以通过课堂观察、提问、测试、自评与互评等多种方式，对学生的学习情况进行持续的检测和评估。同时，基于不同的检测与评估方式，教师应准备相应的资源，如观察记录表、自评与互评表、反馈工具等。

示例 3 讲故事

活动的目标是让学生在实际交流中使用新学的词汇，如 busy，park，bookstore，buy 和 visit。教师首先讲述一个包含这些词汇的简短故事："I had a busy day yesterday. I got up early in the morning and went to the park with my cousin at 8 o'clock. We played badminton there for an hour. And then we went to the bookstore. My cousin bought two books and I bought one. At half past eleven，we had lunch together. After lunch，we visited our grandparents." 故事讲述完毕之后，教师提出问题，以检测学生对故事内容的理解程度以及对新词汇的掌握情况，例如："Did I have busy day yesterday? Where did I go at 8 o'clock? And where did we go next? Where did we do after lunch?" 接下来，教师让学生尝试自己创作故事，并要求他们在故事中使用目标词汇。学生有 10 分钟的时间准备他们的故事，并向全班同学展示。在此过程中，教师对学生的表现进行评价，给予即时反馈。

活动评析：该活动通过讲述包含目标词汇的故事，有效地利用了情境教学资源，将词汇嵌入学生能够产生共鸣的生活场景中，从而提高了词汇的实际运用和记忆效果。此外，通过提问和让学生创作自己的故事，活动不仅鼓励了学生对新词汇的深入理解和创造性使用，还促使学生内部资源发挥应有的作用，比如记忆力、注意力和动机。在活动中，教师扮演着引导者和评估者的角色，通过提供反馈和指导，进一步完善了教学资源的运用。总体而言，该活动通过合理开发和使用教学资源，如故事讲述、问题回答和创造性写作，成功地构建了一个支持学生个性化学习需求的教学环境，有助于推动学生词汇运用能力的提升。

4.5 小学英语词汇课堂教学资源优化整合的案例分析

本案例选自第十七届全国小学英语教师教学基本功大赛暨教学观摩研讨会的一节小学英语词汇课，由佛山市外国语学校的郭佳敏老师执教。

4.5.1 案例背景

本节课选自 PEP 四年级下册第 4 单元中的第四课时，话题是农场动物和蔬菜，由 Let's learn，Draw and say，Read and write 等几个部分组成，语篇主要以对话泡的方式呈现，并配有插图。

Let's learn 板块呈现了一个小女孩在农场主引导下开心参观农场的场景（见图 4-3），对话泡展现了一位农场主向小女孩介绍农场上的动物，比如奶牛、绵羊、母鸡与马等，小女孩对绵羊赞不绝口，直说它们可爱极了。

图 4-3　PEP 四年级下册第 4 单元 Let's learn 板块

Draw and say 板块包含一张农场海报，海报周围配有农场动物（horse，hen，sheep，cow）与蔬菜（potato，tomato，bean，carrot）的简笔画。在海报下方的对话泡中，呈现出一个小女孩向同伴介绍自己的农场，他们还围绕农场上的动物或蔬菜进行问答（见图 4-4）。

图 4-4　PEP 四年级下册第 4 单元 Draw and say 板块

Look and write 板块包含一个阅读语篇，其中一个小男孩向读者介绍了 MacDonald 先生的农场（见图 4-5）。在农场上，蔬菜园里种着胡萝卜和土豆。农场里还生活着各种动物，其中就有可爱的绵羊。此外，那些看起来像绵羊的其实是山羊，而且这些山羊特别喜欢吃胡萝卜。阅读语篇后设有两个活动：第一个活动是判断农场物品，学生需要判断这些物品是否能在MacDonald 先生的农场看到，并在相应物品后打勾（√）。第二活动是一个看图写话任务，学生需要在空白处绘制一些动物或蔬菜，且仿照例句写一句话来介绍它们。

图 4-5　PEP 四年级下册第 4 单元 Look and write 板块

本课语篇通过视觉图像与文本相结合的方式呈现内容，涉及农场动物与蔬菜的词汇，如 horses，hens，sheep，cows，potatoes，tomatoes，beans，carrots；介绍农场动物与蔬菜使用的核心语言，如 "These are ..." "Those are ..." "Are these ...? Yes, they are." 农场主与小女孩、小女孩与同伴之间介绍农场时使用了指示代词和名词的复数形式，学生在前面的课程已经接触并学习过。四线三格可以引导学生学习正确的英语书写格式，包括字母的大小写、单词间的适当间距以及句子的标点，这些都是英语书写规范的重要组成部分。

基于上述教学材料，在本节词汇课中，授课教师设计了以下三个教学目标：

（1）学生借助图片通过听音辨词、看图说话等方式了解重点词汇（hens，horses，cows，sheep）的音形义，并准确完成课堂练习；

（2）在老师的引导和图片的帮助下，学生能区分 these 和 those，并准确表达物品的远近；

（3）在图片的帮助下，学生能通过小组合作的方式，合理规划农场，并用核心句型准确介绍农场。

教学资源的有效运用对于实现教学目标而言至关重要。从上述教学目标的表述方式来看，其达成离不开不同教学资源的优化整合。一是在教学目标 1 中，图片与音频是帮助学生了解重点词汇音、形、义的重要资源；

二是在教学目标 2 中，教师与图片的共同作用将帮助学生正确区分指示代词 these 和 those 并准确表达物品的远近；三是在教学目标 3 中，学生同伴将发挥关键作用，他们将运用自身的观察力和想象力，与同伴协作完成农场规划任务，并且使用核心句型准确介绍农场。

4.5.2　词汇教学资源优化配置的结构特点

教室环境对教学活动的顺利开展起着关键作用。本节词汇课采用了小组式的教室布局，每一张黄色圆桌旁都围坐着一组六名学生。桌上摆放着学习材料，比如名字牌、教科书、学习单、竹编筲箕等。这种小组式布局既保证了每个学生都有相对独立的学习空间，又便于他们之间进行交流与互动，共同协作完成农场规划任务。从教室布局看，教室正前方配有投影设备，其下方是一块长形黑板，黑板中央嵌入了一块电子白板，以便于多媒体教学和传统书写教学的有机结合。教室左侧墙面则放置了一块可移动的黑板，其前方设有一张讲台，讲台上摆放了竹编筲箕、卡片等教学辅助工具。在该移动黑板上，教师预先工整地书写着课题名称"Unit 4 At the farm"，并贴有六张四线三格的黑板贴，其中四张黑板贴较短，可以用于板书单词，两张较长的可以用于板书句子。黑板四周装饰有模拟农场栅栏的图案，并配有一个六组学生的评价表。总体而言，空间利用、设施配备和氛围营造，都为本节课创造了一个既有利于个人学习又能促进小组合作的教室环境。

在这样的教室环境中，授课教师以"规划农场"为任务驱动，设计了一系列层层递进的活动，包括词汇呈现、词汇操练与练习和词汇运用。这些活动不仅涵盖了生命载体资源，还融入非生命载体资源，共同支持着教学目标的达成。具体的资源使用情况（见表 4-7），如教材、多媒体课件、图片、音视频、黑板、教学用具等，它们共同构成了一个教学资源的动态系统。

表 4-7　词汇课教学活动与教学资源

教学目标	教学活动	教学资源
1. 借助图片，通过听音辨词、看图说话等方式了解重点词汇的音形意，并准确完成课堂练习（词汇呈现与操练）	1. 教师播放歌曲，学生跟唱："PIO bus, PIO bus, where are you? Here I am, here I am, how do you do? Sheep bus, sheep bus, where are you? Here I am, here I am, how do you do?" 歌曲中还替换了其他动物名称，如 cow 和 horse。歌曲播放完毕后，教师在黑板上的评价表中移动磁铁，为每个积极参与的小组各加上一分，以示鼓励，同时向学生提问："What is the song about?"	·多媒体（儿歌） ·黑板（评价表+磁铁）
	2. 播放视频，视频中梁校长宣布的一个好消息："Dear children, we are going to have a farm in our school. What do we need for our farm? Can you help?"；介绍本节课的任务："I have some animals and phants for you today. If you can do well today, you can get the animals and plants here for your farm（出示竹编箐箕）"。	·多媒体（视频+文字） ·竹编箐箕（动物与植物的图片）
	3. 播放关于 Mr McDonald 农场歌谣，鼓励学生说出歌谣中提到的动物名称，如 hens、cows、horses、sheep；通过展示 hens 的图片，引导学生们进行看图说话的活动，提出问题，如 "How many hens can you see? What can we get from the hens? Can you talk about the hens? What are they doing?" 等；学生回答问题后，主动走向黑板，移动磁铁一格，为自己所在小组加分；通过出示母鸡图片，引导小组操练句型 "These are ..."；教师将母鸡的图片贴在黑板上，并引导学生在空中用手指模拟书写，在四线三格中写下单词 hens。	·多媒体课件（歌谣、视频、图片、单词） ·母鸡图片教具 ·音频（hens 发音） ·黑板（四线三格）
	4. 通过多媒体呈现图片，引导学生回答问题：What are they? 并谈论 cows，如 "They are eating grass. They are fat. We can get milk from the cows."；出示奶牛图片教具，将图片贴在黑板上，并引导学生在空中用手指模拟书写，在四线三格中写下单词 cows。	·多媒体课件（图片） ·音频（cows 发音） ·奶牛图片教具 ·黑板（四线三格）

表4-7（续）

教学目标	教学活动	教学资源
1. 借助图片，通过听音辨词、看图说话等方式了解重点词汇的音形意，并准确完成课堂练习（词汇呈现与操练）	5. 通过多媒体呈现图片，引导学生回答问题：What are they? 并谈论 horses，如 "The horses are drinking some water. They are brown. They are big and they can carry heavy things. They are strong ..."；学生回答问题后，各自在黑板上为自己所在小组加分；出示马的图片教具，引导小组、男生组或女生组操练：They are horses；教师将图片教具贴在黑板上，引导学生在空中用手指模拟书写，并在黑板上的四线三格中写下单词 horses。	· 多媒体课件（图片、horses 发音音频） · 马的图片教具 · 黑板（四线三格）
	6. 通过多媒体呈现图片，引导学生回答问题：What are they? 并谈论 sheep，如 "The sheep are white. They are walking. The sheep are cute..."；学生回答问题后，各自在黑板上为自己所在小组加分；出示绵羊的图片教具，引导全班操练 "Those are sheep."；将图片教具贴在黑板上，并引导学生在空中用手指模拟书写，在四线三格中写下单词 sheep。	· 多媒体课件（图片、sheep 发音音频） · 绵羊图片教具 · 黑板（评价表、四线三格）
	7. 通过多媒体呈现刚刚用于呈现四种动物的四副图片，让学生看图说话；学生描述动物后，各自在黑板上为自己所在小组加分。	· 多媒体课件（图片） · 黑板（评价表）

表4-7(续)

教学目标	教学活动	教学资源
2. 在老师的引导和图片的帮助下，学生能区分 these 和 those 并准确表达物品的远近（词汇操练与练习）	8. 每个小组的组长到教室前，从教师的竹编筲箕中选出 4 种不同的动物；小组成员之间谈论所选的动物；各小组向全班汇报。	·竹编筲箕（动物图片） ·黑板（评价表）
	9. 通过多媒体呈现 Aunt Anna 的农场；让学生拿出 worksheet，播放音频，让他们勾画所听到的植物名称。	·多媒体课件(图片) ·音频 ·学习单
	10. 通过多媒体呈现不同蔬菜的图片及句式 "These are ..." "Those are ..." "Those are ... and ..."，并与学生进行简单的交流；在黑板上的四线三格中板书句式 "These are ..." "Those are ..."；学生为各自所在的小组加分。	·多媒体课件(图片) ·黑板（评价表）
	11. 教师从每个小组邀请一个学生戴上一个草帽扮演 Aunt Anna，用核心句式介绍农场上的蔬菜；学生为各自所在的小组加分。	·多媒体课件（农场图片） ·草帽 ·黑板（评价表）
3. 在图片的帮助下，学生能通过小组合作的方式，合理规划农场，并用核心句型准确介绍农场（词汇运用）	12. 教师出示装有不同植物的竹编筲箕，提问学生：What plants do you want to get? 13. 各小组组长到教室前，从教师的竹编筲箕中为各自的小组选 5 种不同的植物。 14. 各小组合作，在海报上贴上动物与植物的图片，共同规划农场；组长举起海报，组员依次使用核心句式介绍农场上的动物与植物。 15. 小组成员向全班介绍本组的农场规划。 16. 学习小结。	·多媒体课件（农场海报） ·竹编筲箕（动物的图片） ·自制农场海报 ·黑板（贴农场海报） ·胶棒

通常来说，实现教学目标往往需要多种资源的协同作用，而非单一资源所能完成。换言之，每个目标本身都决定了它所需的一整套资源（见表4-8）。在本节课中，教师为教学目标精心选择了多种教学资源，以支持学习活动的有效开展。一是生命载体资源，包括教师和学生，通过教师的教态和学生的参与，为学习注入了活力。二是有形资源，如教室设施和多媒体设备，为教学提供了必要的物理条件。此外，无形资源，如教学时间的合理安排和学习氛围的营造，对学生的学习体验和效果产生了重要影响。

针对三个不同的教学目标，教师分别选择了相应的非生命载体资源来支持教学：一是第一个目标采用了多媒体课件，包括 3 个视频、4 个单词发音音频、1 个歌谣、7 张动物图片，以及动物图片教具和黑板上的多种教学工具。二是第二个目标则使用了包含 4 张植物图片、1 张农场图片的多媒体课件，竹编笤箕中的动物图片、草帽，以及介绍农场植物的音频。三是第三个目标则利用了多媒体课件中的农场海报、学生自制农场海报，以及装有动植物图片的竹编笤箕。这些资源的相互配合，不仅体现了教学资源的多样性与高效性，也展示了它们之间的互补性，共同构成了实现教学目标所需的一整套给养。

表4-8　词汇教学资源类型

教学目标	素材性资源		条件性资源	
	生命载体资源	非生命载体资源	有形资源	无形资源
目标1	教师（手势、饱满情绪、目光等）学生（已有知识、兴趣等）	·课件（视频 3 个、单词发音音频 4 个、歌谣 1 个、动物图片 7 张） ·动物图片教具 ·黑板（评价表、板书、磁铁等）	场地：教室 设备：桌椅、多媒体、名字牌、电子白板、电脑、扩音器、PPT遥控器、胶棒、灯光等	·动物选取时间 ·纠错时机 ·轻松学习氛围
目标2		·课件（植物图片 4 张、农场图片 1 张） ·竹编笤箕（动的图片） ·介绍农场植物的音频 ·草帽		
目标3		·多媒体课件（农场海报） ·自制农场海报 ·竹编笤箕（动植物图片）		

（1）资源的多样性。在本节课中，教学资源的多样性贯穿了整个教学过程，确保了教学目标的成功实现。一是在词汇呈现环节，教师首先播放了校长的视频来宣布学习任务，并巧妙地使用 McDonald 农场歌谣来引入本节课的关键词汇；其次教师利用多媒体展示了动物图片，并同步播放了相应的动物单词发音音频，帮助学生全面感知词汇的音和意；最后教师借助书空和四线三格板书作为辅助手段，有效地引导学生掌握了重点词汇的字形。这些多样化资源的运用，共同推动了教学目标一的达成。二是在词汇记忆与练习环节，教师采用了动植物图片教具进行重复操练活动，通过多

媒体呈现动物图片引导学生看图说话，还选用草帽创设情境，引导学生使用核心句式介绍 Aunt Anna 农场里的植物，从而支持教学目标 2 的有效达成。三是在词汇运用环节，教师利用多媒体课件展示了农场海报，让学生明确学习任务，并提供了动植物图片、自制海报、胶棒等工具，以支持学生完成农场的合理规划。在此过程中，学生的想象力和合作力得到了充分的激发，如小组长举起农场海报，小组成员依次使用核心句式介绍农场。这些资源的使用为教学目标 3 的实现提供了有力支持。

（2）资源的互补性。教学资源的互补性体现在资源之间如何相互支持而形成一个全面且有效的教学环境。在本案例中，现代媒体技术和动植物实体教具的结合，如视频、单词发音音频、动物图片、竹编筲箕和黑板的并用，为学生提供了多感官的学习体验，使得抽象概念更加具体化，易于理解和记忆。例如，在动物词汇呈现与操练环节，教师首先借助板书和多媒体课件创设农场的情景，利用多媒体课件与动物实体教具呈现、操练核心动物词汇以及表达远近的句式，并实时板书。在此过程中，多媒体课件和竹编筲箕能够直观呈现农场的情景，既可以为学生提供直观的学习体验，又可以增强学习的互动性和趣味性；动物实体图片具有灵活性的特点；板书具有很强的再现能力，各种教学资源发挥各自的优势，遵循优势互补的原则，发挥协同作用，共同支持学生的学习和教师的教学。需要注意的是，一节课并非资源越多越好。在整合教学资源时，教师需要权衡各种资源的优势和局限性。

（3）资源的高效性。教学资源为实现教学目标服务，它是活动开展的条件与载体，具有多种功能。教师应充分挖掘所选教学资源所蕴含的相关功能与价值，将其转化为不同的教学与学习形式，并运用到不同活动中，以实现资源利用的最大化。在本案例中，授课教师挖掘了动物图片的多重功能（见图 4-6），它们既可以是学生理解词汇意义的重要载体，也可以是学生内化词汇的重要素材。因此，在词汇呈现环节，教师利用这些图片讲解动物词汇的意义，同时在词汇练习环节，教师继续利用这些词汇开展"Look and say"活动，达成语言初步输出的目的。此外，除在不同活动中使用同一个资源外，教师在每个环节都充分利用到了每一个资源。比如在使用图片呈现了 hens 的基本含义之后，教师还提问引导学生继续观察图片："What can you get from the hens?" "Can you talk about the picture with hens? And what else? Can you tell me more information about the hens? Are they big? Are they fat？"，进而使图片使用最大化。

 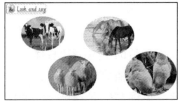

图 4-6　动物图片使用的最大化示例

4.5.3　词汇教学资源优化配置的效益分析

词汇学习不只是记忆单词的音、形、义，还包括了解一定的构词法知识，更重要的是在语篇中通过听、说、读、看、写等活动，理解和表达与各种主题相关的信息和观点。基于课标对词汇学习的具体要求，本小节将通过分析不同的教学片段，讨论多种教学资源在助力学生词汇学习方面所发挥的作用。

（1）优化整合各类多模态教学资源，帮助学生有效感知与理解重点词汇的音、义、形。有些单词代表具体的事物或动作，而有些单词则代表抽象的概念。对于不同类型的词汇，其意义呈现的方式也各不相同。本案例中的重点单词属于具体名词，属于可以通过感官直接感知的动物。教师借助图片展示单词含义，利用音频辅助发音学习，并通过板书强化书写记忆，全方位调动学生的感官体验。如下列教学片段所示：

T：Let's know the animals one by one. Let's see. What are these?（借助多媒体展示图片与单词，并播放单词发音的音频）

Ss：Hens.

T：So，read after me. They are hens.

Ss：They are hens.

T：How many hens can you see from the picture? What about Winston? Have a try.

S：There are three hens.

......

T：Very good. Sit down, please. So，we know the animals. Hens here（在四线三格旁贴上母鸡的图片）. Show me your finger（做出伸手指的动作）. Let's try to write out the words, OK? Very good. H-e-n-s（放慢声音，同时在黑板四线三格中板书，写一个字母，读一个相对应的字母发音，并用红色粉笔写 s），Hens. Very good. Read after me. These are hens.

在这个教学片段中，教师选择与使用了多模态教学资源，通过视觉、听觉和动作来帮助学生感知具体名词 hens 的音、义、形。一是教师通过多媒体展示图片和播放单词发音，为学生提供了直观的视觉和听觉输入，帮助他们建立单词与实际动物之间的联系。二是教师通过引导学生重复跟读和参与互动提问，激发了学生的参与热情，进一步加深了他们对单词发音的理解。三是教师在黑板上示范单词的书写，使用四线三格和颜色区分来指导学生正确书写。同时，教师的语言引导和学生的书空练习，强化了学生对 hens 形态的感知与领悟。这种多模态教学资源的使用不仅激发了学生的学习兴趣，也促进了他们对新词汇音、义、形的全面感知与理解，体现了教学资源在语言学习中的重要作用。

（2）优化整合多媒体课件、图片、视频及教师自身资源，帮助学生区分 these 与 those 并准确表达物品的远近。these 和 those 是指示代词，用来指代特定的且可以看到或感知到的事物，属于具体词汇的范畴。为了使学生能够准确把握这两个词表示远近关系的差异，教师可以利用教室内不同位置的物品进行教学，或者通过视频和图片展示物品的远近变化。在本节课中，教师主要运用图片资源来辅助教学，通过展示 Aunt Anna 农场上不同植物的图片（见图 4-7），让学生直观感受到 these 用于指代近处的植物，而 those 用于指代远处的植物。如下列教学片段所示：

图 4-7　Aunt Anna 的农场

T：Now can you introduce Aunt Anna? See? This is a magic hat here（出示草帽并戴在头上）. I am Aunt Anna now. Mm. And I can introduce … these are carrots（站在农场旁边）. Those are tomatoes（走到离农场稍远的地方）. Now I will give the magic hat to … Who can have a try? What about Zoe? Yes, stand up please …

Zoe：（戴上草帽）These are carrots（站在农场旁边）. Those are watermelons（走到离农场稍远的地方）.

T：Uh-huh. Is she right?

Ss：Yes.

T：Good, one point for you. So give the magic hat to other students. Hurry up, other group …

在此教学片段中，教师通过扮演 Aunt Anna 并使用草帽这一道具，不仅增强了课堂的趣味性，还通过展示农场的图片，使学生能够直观地看到并理解 these 指代近处的植物，而 those 指代远处的植物。在这个教学片段中，教师通过生动的角色扮演和直观的图片资源，有效地帮助学生区分 these 与 those 并准确表达物品的远近。教师自己扮演 Aunt Anna，并利用草帽这一道具，营造出一个有趣的学习情境。与此同时，教师站在不同远近的位置，确保各个小组在角色扮演中都能积极参与，学生们通过实际运用相关词汇去描述农场上不同的植物，从而加深了对这两个词的理解。教师的即时反馈和小组竞争机制进一步激发了学生的参与热情，使他们在轻松愉快的氛围中准确表达物品的远近，同时也锻炼了他们的观察力和口语表达能力。

（3）合理且有效地整合学生资源，以此提升小组活动的参与程度，进而达成目标语言的高效输出。小组活动是语言实践的重要平台，但有时可能会出现部分能力强的学生主导整个过程的情况。为防止出现这种现象，教师需要有意识地借助学生资源。具体而言，在组建小组时，需考虑到成员之间的能力差异，明确地分配每个成员的角色和责任，同时制定公平合理的小组规则。通过这些措施，教师能够营造一个既支持个体发展又鼓励团队合作的学习环境，从而确保每位学生都能在小组活动中充分发挥自己的潜力，促进语言技能的全面提升。在本案例的词汇运用环节，教师充分借助了学生资源，如以下教学片段所示：

T：Okay, now all of you have animals and plants. Let's put them into our farm. Okay, everyone please take out your farm. Please stick, okay? And give a name for your farm, okay? I will give you five minutes. Later I will invite you to report …

…（各小组贴完后，轮流介绍农场；老师巡视并给出建议）

T：Finish? Ok, so group leaders（举手示意），please take your farm and put them here, OK?（手指向黑板）.

T：… Now, who can talk about your farm?

Ss：（一个小组走到黑板前，排成一排，依次介绍农场上的动物与植物）

在这个教学片段中，教师充分利用学生资源来提升了小组活动的参与程度，并达成目标语言的高效输出。通过分配具体的任务，如创建和命名农场，教师确保了每个学生都有明确的责任和参与的机会。在小组合作过程中，学生资源得到了充分利用，每个小组成员都获得了贡献自身的想法和付出努力的机会。此外，轮流介绍的机制确保了每个学生都有平等的发言机会，使得学生资源得到了充分的开发和利用。这不仅提高了学生的参与程度，也促进了他们口头表达能力的提升。

5 小学英语语法课堂教学资源优化整合的实践研究

5.1 课标中语法教学内容要求的解读

语法是描述语言中单词、短语等语言单位如何组合成句子的规则。英语语法知识包括词法和句法。词法关注词的形态变化，如名词的数、格，动词的时态（体）；句法关注句子结构，如句子的种类、成分、语序等。在语言使用中，语法知识是"形式—意义—使用"的统一体。形式是指语法结构是怎么构成的（如可数名词的复数形式通常在词尾加上-s 或-es）；意义是指语法的表意功能（如名词复数形式表示数量上的增加）；使用是指在听、说、读、看、写等活动中运用某个语法形式理解和表达与主题相关的信息和观点。《2022 版义教课标》在"语法知识内容要求"部分提出了小学阶段学生需要掌握的具体内容（见表 5-1）。通过分析发现，课标对于小学阶段学生语法学习进行了系统性规划。这一规划不仅明确了不同级别的学习目标，还指明了语法教学资源选择的方向。

一方面，这体现了语法学习过程的渐进性原则。以简单句为例，一级重在"感知"和"体会"，即让学生通过大量的语言输入来初步感受简单句的结构和表意功能；而到了二级，则侧重"理解"，要求学生能够深入理解简单句的基本结构和表意功能，并在真实语境中灵活运用。再以动词时态为例，一级侧重学习一般现在时和现在进行时，二级侧重学习一般过去时和一般将来时。

另一方面，这体现了语法教学资源的选择原则。从表 5-1 可以看出，在一级和二级的三条内容要求中，有 5 次提到了"语境"，1 次提到"语篇"。"语境"和"语篇"是语法学习的重要依托。换言之，学生不应孤立地学习语法规则，而是要在具体的语言环境中感知、理解和运用这些规则。基于语境与语篇，教师开展语法教学时，应该充分利用教材中的听力语篇和阅读语篇，它们为语法学习规则的探究提供了真实语境。同时，在一级和二级的内容要求中，均提到"在语境中运用所学的语法知识"，包括描述人和物，描述具体事件的发生、发展和结局，描述时间、地点和方位。那么，除教材中的语篇素材外，教师还需要选择与使用非教材教学资源，为学生在语境中运用语法进行交流与表达提供相关的素材，如图片、视频、简笔画、实物等。

表 5-1　语法知识内容的一、二级要求

级别	内容要求（2011 版）	内容要求（2022 版）
一级		·在语境中感知、体会常用简单句的表意功能； ·在语境中理解一般现在时和现在进行时的形式、意义、用法； ·围绕相关主题，在语境中运用所学语法知识描述人和物，进行简单交流
二级	1. 在具体语境中理解以下语法项目的意义和用法： ·名词的单复数形式和名词所有格； ·人称代词和形容词性物主代词； ·一般现在时、现在进行时、一般过去时和一般将来时； ·表示时间、地点和位置的常用介词； ·简单句的基本形式。 2. 在实际运用中体会以上语法项目的表意功能	·在语篇中理解常用简单句的基本结构和表意功能； ·在语境中理解一般过去时和一般将来时的形式、意义、用法； ·在语境中运用所学语法知识描述、比较人和物，描述具体事件的发生、发展和结局，描述时间、地点和方位等

值得注意的是，《2022 版义教课标》主要聚焦句法的具体教学要求，并未明确列出词法的具体细节，但词法是语法的一个重要组成部分。它是准确理解和表达的关键因素之一，其重要性不容忽视。我们可以参考《2011 版义教课标》所列出的词法方面标准描述（见表 5-1），充分认识到词法的核心地位，并将其纳入整体教学计划之中。实际上，《2022 版义教课标》附录 4 中的语法项目表不仅覆盖了介词、连词、冠词及感叹词等常用词类，还具体细化了名词、动词、形容词、副词、代词和数词等词类的

具体学习要点（见表 5-2）。这为词法教学提供了全面的资源支持。在小学英语语法教学过程中，教师可以结合具体教材内容，有针对性地选取并设计词法层面的教学活动，确保学生在掌握句法结构的同时，也能深刻理解并熟练运用各种词类的形态变化规则，从而灵活运用所学的语法知识。教师不仅可以描述人和物，还能比较事物间的差异，叙述具体事件的起因、发展、高潮及结局，甚至能够准确描述时间、地点和方位等信息。

表 5-2　词类项目的相关要求

名词	可数名词及其单、复数；不可数名词；专有名词；名词所有格
动词	动词的基本形式；及物动词和不及物动词；系动词；助动词；情态动词
形容词	形容词的基本形式；形容词的比较级和最高级
副词	副词的基本形式；副词的比较级和最高级
代词	人称代词；物主代词；反身代词；指示代词；不定代词；疑问代词
数词	基数词；序数词

5.2　教材中语法教学内容的整体解读

在现行的小学英语教材中，不同版本在语法教学内容的呈现方式上存在着明显的差异，各自都具有独特的优势，同时也存在潜在的不足之处。具体来说，一些教材从五年级上册开始就设置了专门的语法教学板块，这种方式既有助于教师系统地开展语法教学，也有助于学生树立明确的语法学习意识，为初中英语语法学习奠定坚实的基础。一些教材虽然未在教材中设立独立的语法教学板块，却在目录中详细列出了每个单元或模块所涉及的语法项目，为教师和学生提供了明确的语法学习内容（见表 5-3）。然而，大部分教材既未在目录中明确标注，也未在各个单元或模块中设立专门的语法教学板块。这些教材通过其他教学活动间接地融入了语法教学内容，以促进学生对语法知识的理解和应用。然而，对于经验不足的年轻教师而言，他们可能在解读和处理教材中隐含的语法教学内容时面临挑战，这可能导致他们难以系统、有效地组织和实施语法教学，进而影响教学成效。下面以译林版、沪教版、牛津上海版小学英语教材为例，讨论如何对教材中的语法内容进行整体解读。

表5-3　牛津上海版小学英语教材目录中的语法项目设置示例

Module	Unit	Pages	Daily expressions	Grammar
1 Getting to know you	1 How are you?	2-5	Hello! Hi! Good morning/afternoon/ evening/night −How are you? −Fine, thanks. I'm fine too.	· pronouns：I, you · verb 'to be'：I'm … This is … · verb to 'have'：We have …
	2 What's your name?	6-9	−What's your name? −My name's … Thank you. OK.	· possessive adjectives：your, my · imperatives：e. g., Stand up. Sit down. Look at … · definite article：the
	3 How old are you?	10-13	How old are you? Happy Birthday! −Here you are. −Thank you. Guess!	· numbers：one − ten · verb 'to be'：It's … /I'm … · possessive adjective：your · Yes/No questions：Are you …? · imperatives：e. g., Blow · definite article：the

在译林版小学英语教材中（三年级起点），每册书共八个单元。从三年级到四年级，每个单元依次包括 Story time，Fun time，Cartoon time，Letter/Sound time，Song/Rhythm time，Checkout time，Ticking time 等板块。从五年级开始，每册书在 Story time 板块后面增加了 Grammar time 和 Culture time 板块。首先，从语法板块的编排顺序上看，其置于故事板块之后，这可以让语法学习更贴近真实生活语境，帮助学生在理解故事内容的基础上，更自然地感知与理解语法结构。这种编排方式通过利用故事板块提供的丰富语境，不仅使语法知识的学习变得有意义，还为学生提供了从语言实践中归纳语法规则的机会，让他们在具体的语言环境中体验语法的使用，从而加深对语法结构的理解并提升运用语法进行有效沟通的能力。紧随语法板块之后的是一系列丰富多样的学习板块，包括 Fun time，Cartoon time，Sound time，Song time，Checkout time，Ticking time 等。这种编排方式为学生提供了视觉、听觉和动觉等多种感官的学习体验，可以使学生在轻松愉快的氛围中巩固与内化刚刚学到的语法知识，从而加深对语法结构的记忆、理解与运用。综上所述，译林版教材中语法教学内容的编排方式充分考虑了语言学习规律和学生的学习特点，为语法教学时机问题提供了有益的参考。

在译林版小学英语教材中（三年级起点），从语法板块的内容编排来看，其重点在于呈现句法层面的核心句式和词法层面的关键语法点，但并未提供相应的语法教学活动。以五年级下册 Unit 5 Helping our parents 中的语法板块为例，句法层面主要列出了现在进行时的特殊疑问句及回答方式，而词法层面则聚焦动词如何通过直接添加-ing 后缀转变为现在分词的形式。这种编排方式旨在为学生提供一个清晰的语法知识框架，帮助他们理解和掌握基本的语法结构，但同时也留给教师一定的空间，根据学生的具体情况设计和实施语法教学活动。

在沪教版小学英语教材（三年级起点）中，前七册的目录明确列出了 Key patterns，这一部分通常包含了每个单元的核心语法点和句型，旨在帮助学生掌握基本的语法结构和语言表达；到了第八册，目录中则出现了 Grammar review。这一变化标志着教材对语法学习内容的总结和复习，旨在帮助学生巩固和回顾之前学习过的重要语法知识，确保学生能够对这些语法点有更深入的理解和应用。这种编排体现了教材由引入新知识到巩固复习的自然过渡，符合学生循序渐进学习语法的认知规律。

表 5-4 显示了核心句式的分布特点。全套教材共涵盖 112 个核心句式，其中六年级下册拥有最多的核心句式，共计 25 个，而其他册数的句式数量普遍较少。从每个单元核心句式的数量来看，大部分单元仅包含一个句式。需要注意的是，如果某句式以疑问句以及答语的方式呈现，则被视为一个句式。在三年级下册、四年级下册、五年级下册以及六年级下册的最后三个单元中，均未引入新的核心句式，这为学生留下更多的时间用以复习和巩固已学句式。整体而言，通过合理安排不同年级的句式数量，教材旨在促进学生对英语句法的系统学习，同时在高年级阶段留出空间进行复习和应用。这种编排方式不仅有助于学生在理解的基础上逐步构建起语言能力体系，也为他们的语言学习提供了更好的支持。

表 5-4　沪教版小学英语教材中核心句式统计

年级	U1	U2	U3	U4	U5	U6	U7	U8	U9	U10	U11	U12	总数
三年级上册	1	1	1	1	1	2	1	2	2	1	1	1	15
三年级下册	1	1	1	2	1	1	1	1	1	0	0	0	10
四年级上册	1	2	2	1	1	1	2	1	1	1	1	1	15

表5-4（续）

年级	U1	U2	U3	U4	U5	U6	U7	U8	U9	U10	U11	U12	总数
四年级下册	1	1	1	1	1	1	1	1	1	0	0	0	9
五年级上册	1	1	1	1	1	1	1	1	2	1	1	2	14
五年级下册	1	1	2	1	1	2	1	1	2	0	0	0	12
六年级上册	1	1	1	1	1	1	1	1	1	1	2	1	13
六年级下册	3	2	2	3	3	3	3	3	3	0	0	0	25

　　教材目录中列出了核心句式，但教材编撰者并未在每个单元，而是在每一个模块设置了语法复习板块。其中，复习板块中的 Let's revise 呈现了模块的核心句式。以三年级下册第二模块 My favourite things 中的 Revision 1 为例，分别在 Let's revise（Ⅰ）和 Let's revise（Ⅱ）中呈现了本模块的三个核心句式："What do you like? I like …" "Do you like …? Yes/No，I …" "What do you have? I have a/an/ some …"。教材编撰者选择在每个模块的复习板块中集中呈现核心句式，而非在各个单元独立设置语法学习板块，这种编排方式有助于学生在模块学习结束后进行系统的语法知识复习。它不仅减轻了学生在学习每个单元时的认知负担，还促进了学生在具体语境中对语法结构的深入理解和灵活应用。此外，这种设计有助于学生进行阶段性的知识总结，并通过自主复习来加深对核心句式的记忆和掌握，从而提高了学习效率和教学效果。教师也可以利用这一板块更高效地组织复习课，确保学生能够牢固掌握并准确运用这些基本的语法结构。

　　牛津上海版教材（针对从一年级开始学习的学习者）在目录部分详尽地罗列了各单元所涵盖的语法项目（见表5-3）。例如，在三年级上册第一模块的三个单元中，涉及的词法项目包括人称代词、形容词性物主代词、数词和定冠词，而句法项目则包括祈使句和一般疑问句。这些语法项目不仅在教材目录中有明确列出，而且与《2011版义教课标》附录中的语法项目表相一致。尽管教材在目录中详细列出了各单元的语法项目，但并未在每个单元中单独设置语法教学板块。这种编排方式为教师提供了一个清晰的教学框架，使他们能够明确每个单元的教学重点和难点，从而在不直接教授语法术语的前提下，通过多样化的教学活动和练习，让学生在实际的语言使用中自然地掌握这些语法知识。

从教学资源的角度来看，整体解读不同版本教材中的语法板块可以为教师提供一个多元化和互补性的教学资源库。通过比较和分析各版本教材的语法教学内容和编排方式，教师能够把握每个版本的独特优势。例如，一些教材可能在语法点的系统性和深度上表现突出，而另一些则可能在语法教学的实践性和互动性上更具创新性。这种资源的多样性使教师能够根据学生的不同需求和学习阶段，灵活选择和整合最合适的教学内容和方法，从而实现语法教学的最优化。

5.3　教材语法教学资源的功能与价值挖掘

在现行的小学英语教材中，大多数版本主要提供了核心句型的例句，而未设计配套的语法教学活动。这导致可用于语法教学的资源相对有限。然而，从教材内容的编排逻辑看，这些例句均源自每个单元的核心阅读或听说材料。因此，这些例句以及对应的阅读或听说材料便是语法教学的重要资源。从功能与价值角度出发，这些例句不仅展示了各单元的关键语法结构，而且它们源自学生已经熟悉的语言材料，这有助于学生从他们熟悉的语境中发现规律。同时，这一特点也便于教师在一定的语境中，比如对话或阅读语篇，开展语法教学，从而避免使用孤立、没有意义的句子讲解语法。下面以译林版小学英语五年级上（从三年级起始）Unit 1 Goldilocks and the three bears 中的 Grammar time 板块为例，讨论如何挖掘教材中语法教学资源的功能与价值。

本单元主要涉及的语法项目包括 there be 结构、副词 too 修饰形容词（见图 5-1）。语法板块主要以表格的形式呈现了 there be 结构的四个例句、副词 too 修饰形容词的四个例句，以及以思维泡的形式呈现了描述个人感受的四个形容词。这些例句及描述个人感受的三个形容词（hungry, tired, thirsty）均选自本单元前一个板块"Story time"中"金发女郎与三只熊（Goldilocks and the three bears）"的故事。故事发生在森林，金发女郎在探险时发现了一间小屋。她感到非常饥饿和口渴，于是进入小屋寻找食物和饮料。在第一个场景中，金发女郎看到桌子上摆放着几碗汤，但她发现第一碗汤太冷，第二碗汤太热，而第三碗汤则刚刚好，适合她喝。接着，她试图在床上休息，但发现第一张床太软，第二张床太硬，而第三张床则刚刚好，让她感到舒适。然而，在第四个场景中，金发女郎发现三只熊站在她面前，她感到非常害怕，并大声呼救。整个故事以卡通风格的四幅彩色插图呈现，适合儿童阅读。因此，在语法呈现环节，即信息输入过程中，教师可以让学生通过本故事语篇的语境感知与体会"there be 结构"和"副词 too 修饰形容词"的表意功能。例如，教师可以借助图片，通过提问，引导学生回顾故事的内容："What can you see? What's in the forest? Who goes into the house? What's on the table? Is this soup hot? What's in this room? Is this bed hard? Look！The three bears come back. So there are three bears in front of Goldilocks."。在学生回答问题的过程中，教师适时板书例句，以为规则探究提供素材准备。因此，作为一种教学资源，故事具有提供语境和学习素材的功能与价值。

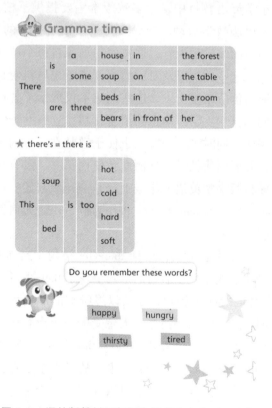

图 5-1　译林版教材五年级上册 Unit 1 Grammar time

　　例句的选择和使用是语法教学中的另一个重要环节。在引导学生探讨语法规则的过程中，教师提供数量足够且合理的例句至关重要。这些例句不仅能帮助教师明确教学的重点，还能预测学生学习语法过程中的难点。教材中的例句为教师如何选择例句提供了一个明确的方向，它们是经过教材编撰者精心挑选的，旨在展示语法规则在不同语境下的应用。因此，教师应充分利用教材中的例句资源，并结合学生的实际情况，把握需要提供的例句。在本案例中，教师可以根据教材所提供的四个关于 there be 结构的例句，提炼出学生需要学习的以下语法要点：一是语言结构"There is a +单数名词+介词短语""There is some+不可数名词+介词短语""There are +复数名词+介词短语"。二是语言结构的功能，即用来描述事物的位置。通过提炼的这些语法要点，教师可以明确本节课的学习重点，即学生已经知道并会使用方位介词来表述不同事物的位置，而本节课需要在此基础上使用 there be 结构来描述事物的位置。在此过程中，学生可能会遇到以下难点：一是选择使用 is 还是选择使用 are；二是难以区分可数名词与不可数名词，导致错误地使用 some 或 an/a。

5.4　课堂非教材语法教学资源的合理使用

　　PPP 模式、交际语法教学和任务型语法教学是常见的语法教学途径。下面将以这三个模式为理论依据，从语法知识的呈现、归纳、练习、运用几个环节讨论教学资源在语法教学中的使用。

5.4.1　语法知识呈现中的教学资源

　　语法知识的呈现是指在学生已有的语言知识基础上，通过创建与单元主题相关的场景，引入并展示包含新语法项目的语言材料。具体来说，如果是词法，那么呈现的语料应该是包含新词汇形式的例句或短语；如果是句法，那么语料则应该是包含新句子结构的完整句子。在呈现语法知识时，教师可以使用以下几类常见教学资源：一是教材教学资源，如学生熟悉的对话或阅读材料。通过这些材料，教师可以引导学生复习相关内容，从而自然地引入并展示包含新语法结构的语言实例。二是非教材教学资源，如实物、教具、图片、挂图、视频和歌曲等。通过这些资源，教师也可以自然呈现包含新语法结构的语言实例。以 PEP 教材四年级下册第 4 单元为例，该单元的主题为农场动物，而新的语法项目是可数名词复数形式的变化规则。在这一背景下，教师可以使用歌曲 "Old MacDonald had a farm"，引导学生讨论农场上常见的动物，并在黑板上板书相关动物复数的词汇，如 pigs，cows，buffaloes，foxes，ducks，dogs 等，以此自然地引入可数名词复数形式的语言实例。三是自身资源，如肢体动作、已有生活经验、积极情感等，以呈现包含新语法结构的语言材料。总体而言，在语法知识呈现环节，对话和阅读语篇，以及图片、音频、视频和歌曲等多模态资源，对于学生感知语法形式及意义至关重要。教师应整合这些教学资源，与学生进行互动，在语境中自然呈现新的语法知识。下文周正荣与苏明生（2016）一节语法课中以 like 随人称变化而变化的规则呈现为例（略有改动）：

本节课之前，学生已经掌握当第一、第二人称单数、复数做主语时谓语动词 like 的形式。本节课重点关注第三人称单数、复数做主语时谓语动词 like 形式的变化规则。在导入环节，教师利用多媒体课件播放录音与呈现多张照片，并让学生运用句式 "You like ..." 猜一猜老师的兴趣爱好，如滑冰、跑步、打乒乓球。在此基础上，教师继续利用课件逐一呈现与爱好相关的单词或短语，学生在发现自己的爱好被提及时，立即起立并大声说出 "I like ..."。借助这种游戏形式，学生说出了自己的兴趣与爱好。在讨论了教师和学生的个人兴趣与爱好之后，教师进一步利用课件展示课文故事中的五位人物，让学生以结对子的方式，使用目标句式 "What does ... like doing?" 和 "He/She likes ..." 来描述他们各自的兴趣与爱好。其师生互动具体如下：

T：Look，we know our old friends' hobbies. Try to say something about their hobbies. Let's ask and answer. （见图 5-2）

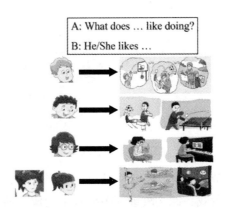

图 5-2 师生互动 1

紧接着，教师展示另一组图片，引导学生使用目标句式讨论图片中 Su Yang，Su Hai，Mike，Tim 的兴趣与爱好。师生互动如下：

T：Look at this picture.（见图 5-3 左）What does Su Hai like doing?

S1：She likes swimming.

T：What does Su Yang like doing?

S2：She likes swimming, too.

T：How about this picture?（见图 5-3 右）

S3：Mike likes drawing pictures.

S4：Tim likes drawing pictures, too.

…

T：We know Su Hai likes swimming, and Su Yang likes swimming, too. So what do they both like doing?

Ss：They both like swimming.

T：Let's try to say something about this picture.（见图 5-3 右）

S5：Mike likes drawing pictures.

S6：Tim likes drawing pictures, too.

S7：They both like drawing pictures.

图 5-3　师生互动 2

在这一教学环节，教师基于学生的已有知识经验，有效整合多媒体课件、录音、图片、游戏、课文故事等多种教学资源，通过互动的方式，在语境中呈现了含有第三人称单数、复数做主语时谓语动词 like 形式变化的语言材料。

5.4.2　语法知识归纳中的教学资源

乔姆斯基的 LAD 理论强调人类天生具备语言习得的能力，这种能力使得儿童能够在未直接学习语法规则的情况下，通过接触和使用语言自然归纳出语法结构。在语法教学中，教师应充分利用学生的这一天赋，通过提供良好的语言环境，鼓励学生归纳发现语法规则，而不是直接讲解。一般而言，归纳需要涉及观察、探究、发现、总结规律等步骤，同时也离不开一种至关重要的资源，即教师的引导性问题（guided questions）。比如，在上述农场动物的案例中，在让学生归纳可数名词复数形式的变化规则时（如 pigs，cows，foxes，ducks，dogs，buffaloes），教师可以提问"What can you see at the end of each word? We can see '-s' at the end of most words. We call them plural nouns. If there is '-s' at the end of a noun, it could be a singular noun"。通过这样的方式，就可以自然切入语法教学这个点上。接下来，教师可以进一步向学生提问"Well, my class. How can we change singular nouns to plural nouns? Now, please work in groups of four and summarize the rules."这样一来，学生就可以以小组为单位，开始探究、发现与总结可数名词复数的变化规则。在归纳阶段，学生关注的是语法形式和语法意义。一般而言，教师需要通过语法意义来驱动学生对语法形式的感知和理解。那么，在学生知道了可数名词复数的变化规则之后，教师可以继续追问："When do we need to add '-s' or '-es' to singular nouns?"进而引导学生归纳可数名词复数的语法意义："If we need to show more than

one thing, we need to add '-s' or '-es' to singular nouns. Do you under-
stand?"在归纳阶段，教师需要暂时离开语境，引导学生从关注内容意义
到关注语法形式和语法意义，进而增强学生的语法意识。如果语法规则比
较复杂，这个阶段可能需要较长的时间。当然，如果结构非常简单，或者
与母语非常接近，或者当学生倾向于直观而非理性学习时，这个阶段可能
只需要一分钟左右，甚至完全省略。因此，在归纳阶段，教师也需要合理
利用时间资源。

在归纳活动中，教师需要注意以下几点：一是确保提供的语言输入既
丰富又可理解，通过提供多样化的例句来避免学生过度泛化错误；二是设
置几个有层次的小问题，引导学生归纳，同时鼓励学生提问和实现自我发
现，通过引导而非直接告知来帮助学生自主归纳规则；三是组织小组合作
学习活动，让学生相互启发，共同探索语言规律；四是应避免过早纠正错
误，以免干扰学生的思考，而应在学生完成归纳后提供及时反馈；五是不
应该急于比较相似的内容；六是考虑如何归纳以便促进真正学习的发生。
通过关注这几个方面，教师可以避免"一言堂"的现象。

综上所述，归纳活动的开展，同时涉及学生的内部资源与外部资源。
在这一过程中，学生的内部资源是关键，原因在于其直接影响学生对外部
资源的接收和处理方式。教师是引导者和促进者，通过设计合理的教学活
动和提供适当的指导，帮助学生利用自己的内部资源去理解和归纳语法规
则。例如，教师可以通过提问来激发学生的思考，通过提供实例让学生自
行发现语言规律，通过小组讨论促进学生在互动过程中构建语法知识体
系。同时，教师应确保外部资源与学生的需求和水平相匹配，比如调整教
学材料的难度，选择与学生生活经验相关的内容，或者使用技术工具来提
供更多样化的学习方式，进而调动学生的内部资源。总之，归纳活动的开
展需要教师整合利用学生的内部资源和外部资源，创造一个有利于学生主
动探索和归纳语法知识的教学环境。

在上述关于"like"随人称变化而变化的语法教学案例中，授课教师
通过提供丰富的语言输入，帮助学生注意到当第三人称单数和复数作主语
时，谓语动词"like"的形式变化规则。随后，教师通过提问方式引导学生
对例句展开观察，使他们自主归纳语法规则。具体的师生互动情况如下：

T：同学们，你们知道动词 likes 前面有哪些主语吗？

Ss：He/She/It.

T：Anything else? Work in groups and find them.

…

T：动词 like 前面还可以用哪些主语呢？

Ss：You/We/They.

T：Anything else? Work in groups and find them.

在此教学片段中，教师利用多元化教学资源，引导学生探索和归纳动词 likes 和 like 的使用规则。通过小组合作学习，教师利用学生之间的互动作为资源，鼓励他们共同讨论、互相启发，从而促进了学生之间知识的共享和讨论。同时，等待时间也是一种重要的教学资源，它为学生提供了充足的思考时间，旨在使他们自主发现答案。在整个过程中，教师还鼓励学生大胆尝试，容忍学生的言语错误，进而创造了一个安全的学习环境。

5.4.3 语法知识练习中的教学资源

语法知识是"形式—意义—使用"的统一体。语法形式、语法意义是为语法使用服务的，语法形式及其意义是需要反复学习才能被学生掌握的。因此，教师应该设计旨在表达语法意义的活动，帮助学生将语法形式内化为记忆，从而推动语法使用能力初步形成。通常情况下，练习阶段包括机械性操练（mechanical practice）和有意义练习（meaningful practice）两类活动，目的是帮助学生巩固语法的形式与意义。机械性操练，作为听说写的一部分，主要强调语言形式的准确性。这种方法通常涉及重复性的操练，如重复（repetition）、替换（replacement）、屈折（inflection）、移位（transposition）、转换（transformation）、扩展（expansion）、缩写（contraction）、合并（integration）、连词成句（restoration）等，目的是帮助学生熟练掌握语言的结构和语法规则。在机械性操练中，教师通常要求学生重复特定的句子，以确保发音、语调、语法和词汇使用的准确性。这种练习对学生养成正确的语言习惯颇有助益，尤其是在语言学习的初级阶段。然而，机械性操练也有其局限性。它忽视了语言的实际意义和语境中的语言使用，导致学生在没有充分理解语言交际功能的情况下，机械地记忆和重复语言形式。此外，过分依赖机械性操练会使学习变得枯燥乏味，从而对学生的学习兴趣和动力产生影响。

有意义练习是学生在已经通过机械性操练掌握了语言形式之后进行的一种教学活动。这种练习的目的在于，帮助学生理解语言的实际意义，并将语言形式与交际功能联系起来。有意义练习通常是基于多种提示的练习活动，比如图片提示（picture prompts）、肢体动作与表演提示（mimes and gestures as prompts）、信息表格作为提示（information sheet as prompts）、关键词组或关键词提示（key phrases or key words as prompts）、使用连锁短语讲故事（chained phrases for telling stories）等。在有意义练习中，学生对新学语法结构的使用方式给予关注，但这种关注是在实际意义和交际的背景下进行的。这样的练习有助于学生巩固与内化语法结构，提高他们对语言的敏感性和适应性，从而为其在真实环境中有效运用语言奠定基础。

在语法知识的练习阶段，教学资源的选择和应用应该与活动的形式与意图相匹配。例如，在上述案例中，授课教师设计了"Say a chant"和"Create a chant"两个练习活动。在"Say a chant"活动中，教师可以利用视频资源辅助教学，引导学生共同或者分小组跟唱。而在"Create a chant"环节，教师可以提供多种相关图片、关键短语或词汇作为创作提示，同时组织异质性小组，以充分发挥学生间的互补优势，激励学生彼此协作，共同创作新的 chant。这样的小组合作，不仅能够促进学生之间的语言交流，还能激发学生的创造力和团队协作能力。通过这种方式，学生能够在实践中加深对语法结构的理解和记忆，同时提高语言的实际应用能力。教师鼓励学生展示他们创作的歌谣，这不仅增强了学生学习的趣味性，也锻炼了学生的表达能力。在此过程中，教师需要合理安排时间，确保每位学生都有充分参与的机会，并预留出时间来进行反馈和调整。同时，空间布局也不容忽视，教师可以安排学生在教室内分组工作，或利用教室前方的空间开展展示活动，以此增强互动的灵活性。此外，教师可运用多媒体工具，如电子白板和投影仪，直观地展示歌谣的结构和节奏模式，辅助学生理解和掌握创作技巧。这种教学资源的使用，有助于提升教学效果，促进学生全方位的语言能力进步。

5.4.4 语法知识运用中的教学资源

当学生已经掌握了语法的形式和意义，教师就需要设计交际任务，让学生在真实的交际环境中运用所学的语法知识。在设计交际任务时，Clark（1994）等认为，教师需要考虑四个关键条件：一是目的性，即确保学生有充分的理由参与任务。二是语境，即语境可以是真实的、模拟的或虚构的，并涉及场景、参与者及其相互关系、时间等相关要素。三是过程，即教师要鼓励学生运用学习策略，如问题解决、推理、探究、概念化和交流。四是成果，任务的结果既可以是具体可见的（如计划书、短剧、信件等），也可以是不可见的。与上一阶段相似，本阶段教学资源的选择和应用同样取决于交际活动的目的和实施方式。例如，在上述案例中，授课教师设计了一项任务：学校社团面向本班招募成员参与各类俱乐部活动，学生可以选择自我推荐或推荐他人，并利用课件中提供的写作支架完成报名（见图5-4）。

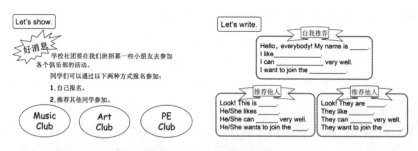

图5-4 写作任务与支架

具体师生互动如下：

T：Good news for you. There are some clubs in our school.（见图5-4左）Will you join them? Follow the rules and work in groups.

S1：Hello，everybody！My name is He Jie. I like drawing. I can draw very well. I want to join the Art Club.

S2：Hello，everybody！My name is Chen Hao. This is my friend Gao Qiang. We both like playing football. We can play very well. We want to join the PE Club.

很明显，此任务满足交际任务的四个条件。在此活动中，教师整合使用了多媒体课件和学生资源。在此过程中，教师还可以补充图片、评价量表、视频等其他相关资源。比如，教师可以播放校社团面向本班招募成员参与各类俱乐部活动的通知，并配上相关俱乐部的图片。

5.5 小学英语语法课堂教学资源优化整合的案例分析

本案例选自四川博睿特外国语学校刘云老师的一节小学英语语法课。

5.5.1 案例背景

本节课选自 NSE 外研版小学英语四年级上册（三年级起点）第三模块第一单元。在本册教材中，现在进行时作为一项关键语法项目，其主要分布在第二模块和第三模块，并在第四模块、第五模块和第七模块中得到复现。第二模块的核心内容是使用现在进行时描述他人正在进行的活动，比如 "She's reading a book." "He's playing with a toy train." "They're riding a bike." 等陈述句式，以及如何通过 "What are you doing?" "What's Tom doing?" "What are your friends doing?" 等疑问句式来询问他人正在进行的活动，并提供相应的回答。在第二模块的基础上，第三模块进一步深化了对现在进行时的教学。其中，第一单元重点关注第三人称复数的现在进行时态，如 "What are they doing? They're playing chess." 等句式，而第二单元则同时关注第三人称单数和复数，以及第一人称和第二人称单数的现在进行时态，使学生能够使用这些句式来询问和描述自己或他人正在进行的活动。这种编排方式旨在逐步引导学生全面学习与使用现在进行时。进入第四、第五模块，现在进行时的句式得到了少量的复现，第四模块中第三人称和第二人称单数的现在进行时各复现了 1 次，第五模块第一人称复数的现在进行时出现了 1 次。而在第七模块中，现在进行时的复现次数显著增加。具体而言，第三人称单数的陈述句式 "It's/ She's/ He's doing sth." 共复现了 10 次，第三人称复数的陈述句式 "They're doing sth." 共复现了 5 次。这种复现和强化的设计，有助于学生巩固和深化对现在进行时的理解，并使其能够在不同的语境中准确运用这一时态。

外研版小学英语教材虽未设置独立的语法板块，但这并不意味着语法教学被边缘化。相反，语法作为课程标准规定的重要课程内容之一，在教学中扮演着重要的角色。在教学中，教师需要合理地融入语法教学，并选择恰当的教学时机，以确保学生能够有效地学习并运用语法知识。在动态系统理论的框架下，学习者的语法学习是其内部资源之间以及内部资源与外部资源之间相互作用的过程和结果。在本案例中，通过对第二模块和第三模块第一单元的学习，学生们已通过丰富的语言实践活动，对现在进行时有了初步且感性的认识。同时，他们在语言输入方面也积累了相当数量的关于现在进行时的素材。从课堂教学资源角度出发，学生在初步接触和使用现在进行时后，不仅掌握了一些动词的现在分词，学习动机和兴趣也被激发，生活经验和情感体验同样被调动起来。这些都是促进语法学习的重要内在资源。同时，这也为教师引导学生观察、发现、探究、归纳语法规则提供了大量的语言材料。这种内部资源和外部资源的整合，不仅有助于促进学生对现在进行时态的理解和掌握，而且使得语法学习变得更加自然和高效。

在本节课中，授课教师设计了以下教学目标：

（1）在看、听、说的活动中，获取对话中公园里人们正在做的中国特色活动及其所享用的饮食；（学习理解）

（2）在教师的引导下，通过小组讨论，正确归纳与总结现在进行时的规则，比如基本结构、常见的标志词以及现在分词的构成规则；（学习理解）

（3）根据图片或动作提示，能够询问并回答他人正在做的动作；（应用实践）

（4）在小组活动中，用5句话描述图片中的人正在进行的动作。（迁移创新）

5.5.2　语法教学资源优化配置的结构特点

教室环境对教学活动的顺利开展起着关键作用。进入教室，学生可见36张桌椅整齐排列，间距合理，既确保了学生有足够的个人学习空间，又便于他们进行交流互动。在教室的前方，希沃电子白板展示着课题题目；在左侧的黑板上，教师预先工整地书写了课题名称"M3 U1 What are they doing?"和核心句式"They are ...", 而在右侧的黑板上则画了一个思维导图的雏形，清晰地向学生传达了学习目标和重点。教室的照明既充足又柔和，有助于减轻学生的视觉疲劳，营造了一个舒适的学习环境。教师站在教室的前方，面带微笑，展现出亲和力，而学生们专注的神情也表明了教室环境对学习的积极促进作用。整体而言，空间利用、设施配备和氛围营造，都为本节语法课的顺利开展提供了坚实的保障。以下是本节课的具体教学活动及相应教学资源的使用情况（见表5-5）：

表5-5 语法课教学活动与教学资源

教学目标	教学活动	教学资源
语法知识呈现（12分钟）		
1. 在看、听、说的活动中，获取对话中公园里人们正在做的中国特色活动及其所享用的饮食（学习理解）	1. 学生基于已学知识，听歌曲填空，复习现在进行时在第一人称中的运用。播放结束之后，教师邀请一名学生提供一个正确答案，并通过多媒体课件展示这一答案。同时，老师在右侧黑板上的思维导图中贴上多个现在分词的单词卡片（见下图）。最后，教师引导全体学生一边唱歌一边做动作。 I'm _____ to music. I'm _____ a book. I'm _____ a letter. Come here and look. I'm _____ football. I'm _____ to you. I'm _____ my homework. Are you doing it too? 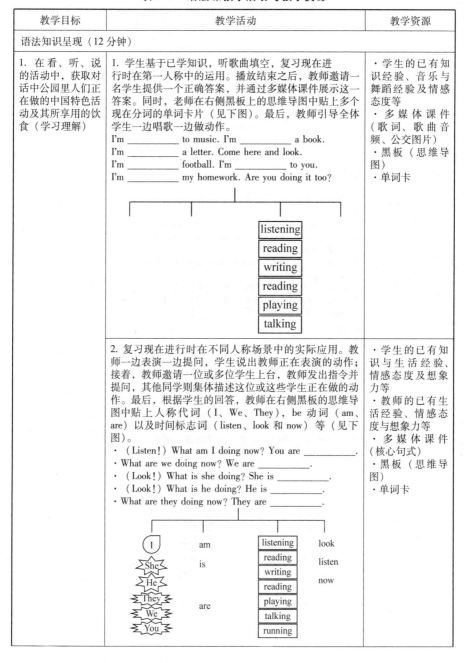	·学生的已有知识经验、音乐与舞蹈经验及情感态度等 ·多媒体课件（歌词、歌曲音频、公交图片） ·黑板（思维导图） ·单词卡
	2. 复习现在进行时在不同人称场景中的实际应用。教师一边表演一边提问，学生说出教师正在表演的动作；接着，教师邀请一位或多位学生上台，教师发出指令并提问，其他同学则集体描述这位或这些学生正在做的动作。最后，根据学生的回答，教师在右侧黑板的思维导图中贴上人称代词（I、We、They），be动词（am、are）以及时间标志词（listen、look和now）等（见下图）。 ·（Listen！）What am I doing now? You are _____. ·What are we doing now? We are _____. ·（Look！）What is she doing? She is _____. ·（Look！）What is he doing? He is _____. ·What are they doing now? They are _____.	·学生的已有知识与生活经验、情感态度及想象力等 ·教师的已有生活经验、情感态度与想象力等 ·多媒体课件（核心句式） ·黑板（思维导图） ·单词卡

表5-5（续）

教学目标	教学活动	教学资源
1. 在看、听、说的活动中，获取对话中公园里人们正在做的中国特色活动及其所享用的饮食（学习理解）	3. 学生观看 Daming 和 Amy 的对话视频，找到对话中人们在公园中正在做的各种事情，提取对话细节。在学生集中回答之后，教师呈现相关对话配图，并运用目标句式 "What are they doing?" 询问图片中的人物正在做的事情。学生回答之后，教师在左侧黑板上板书相应的现在分词短语，如下图所示： M3 U1 What are they doing? They are { doing taijiquan rowing a dragon boat playing chess drinking soya milk	· 多媒体课件（对话视频、对话配图及核心句式） · 黑板（现在分词短语）
语法规则探讨（11分钟）		
2. 在教师的引导下，通过小组讨论，正确归纳与总结现在进行时的规则，比如基本结构、常见的时间标志词以及现在分词的构成规则（学习理解）	4. 学生小组讨论，观察板书，归纳与总结现在进行时的肯定句形式。 T：Now please read the sentences on the blackboard aloud, and find how to describe what people are doing now. Ss：（Reading） T：Now, please work in groups and summarize the structure by using the blackboard. 请大家以小组为单位，通过观察这些板书，归纳与总结用于描述现在正在进行动作的句子结构。Three minutes for you.（在希沃白板上展示三分钟倒计时）	· 多媒体课件 · 学生的已有知识经验 · 同伴互动交流 · 教师引导与解释 · 板书（思维导图） · 单词卡
	5. 在教师的指导下，学生进一步观察板书，并一起归纳与总结用于描述当前正在进行或发生的动作的肯定句结构。 T：Well, time is up. Which group can tell us the key words we can use to describe what people are doing now? 在总结过程中，教师根据学生的回答，在右侧黑板上的思维导图中贴上 Sb、be、V－ing、Time words 以及 Present Progressive Tense 卡片，以动态生成现在进行时的基本结构，如下图所示： Present Progressive Tense Sb — be — v-ing — key words I	am	listening	look She	is	reading	listen He		writing	now They	are	reading We		playing You		talking |	running	· 多媒体课件 · 学生的已有知识经验 · 同伴互动交流 · 教师引导与解释 · 板书（思维导图）

表5-5(续)

教学目标	教学活动	教学资源
2. 在教师的引导下，通过小组讨论，正确归纳与总结现在进行时的规则，比如基本结构、常见的时间标志词以及现在分词的构成规则（学习理解）	6. 学生以小组为单位，归纳与总结现在分词的构成规则，并为每一类规则找出更多的例词。 ① 直接+ing； ② 不发音 e 结尾，去 e，再加 ing； ③ 重读闭音节结尾，且末尾只有一个辅音字母，双写末尾字母，再加 ing。	·学生的已有知识经验 ·板书
语法知识操练（8分钟）		
3. 根据图片或动作提示，能够询问并回答他人正在做的动作（应用实践）	7. 借助板书，开展"I say, you say"的现在分词操练活动。 T：Now, let's play a game, "I say, you say". For example, I say run, you say running. T：Run. Ss：Running. T：Run. Ss：Running. T：Now, let's begin.	·学生的已有知识经验 ·黑板（现在分词） ·多媒体课件
	8. 学生根据听到的声音，辨认门背后的人正在做的事情。 {What is the boy doing? {Look，he is singing. {What is Amy doing now? {Look！She is reading a book. {What are they doing now? {Look！They are rowing a dragon boat.	·多媒体课件（音频、图片与句式） ·学生的已有知识经验

表5-5(续)

教学目标	教学活动	教学资源
3. 根据图片或动作提示，能够询问并回答他人正在做的动作（应用实践）	9. 教师邀请一组学生上台，并要求其中一名学生从盒子里随机抽取一张词汇卡片。根据卡片上的指示，该学生单独或与另一位同伴合作，表演相应的动作。随后，教师提问，其他学生则参与问答互动。 T：Look/Listen, what is he doing? Ss：He is running/singing.	·多媒体课件 ·盒子、卡片 ·教室讲台 ·学生的已有知识与生活经验 ·同伴合作
	10. 学生两人一组，每人各持一张看起来相似的图片。两人通过问答，找出不同的内容。 A：What is Mike doing? B：He is playing the guitar. A：What is Amy doing? B：She is drinking something. 	·多媒体课件（图片、对话） ·多副卡片 ·同伴合作

表 5-5（续）

教学目标	教学活动	教学资源
语法知识运用（8分钟）		
4. 在小组活动中，用5句话描述图片中的人正在进行的动作（迁移创新）	11. 在小组活动中，小组成员有五分钟时间来观察图片，并描述图中人物正在做的事情，补全小语段（见下图）。教师将提供一些参考词汇，例如 take a picture, make a cake, fly a kite 等，以及一个评价量表。小组汇报时，各小组将完成的小语段（学习单）放在希沃展台下面，其中一名同学负责描述，其他同学扮演 Lingling 的家人，并根据描述进行相应的角色扮演。最后，教师指导学生使用评价量表对各小组的表现进行评价，并在希沃电子白板上针对每个评价指标进行标记。 Model： Hello, everyone. I'm your old friend, Lingling. This is my family. Today is Saturday. We are in a park. Look！My mum is _____. My _____. My _____. Listen, Sam andDaming _____. I am _____. What a nice day！	· 多媒体课件（图片、小语段、参考词汇、评价表等） · 学生的已有知识与生活经验 · 同伴合作 · 学习单（图片、小语段、评价表） · 希沃展台
家庭作业（1分钟）		
1. 完成练习册 M3U1； 2. 根据两人小组活动中所得卡片上的内容，编写三组对话； 3. 模仿 Lingling 的小语段，围绕 "My weekend in the park" 这一主题，运用现在进行时描述自己想象中家人在公园里的场景		· 练习册 · 活动图片 · 作业本

在本节语法课中，授课教师优化整合了学生内部资源及其外部资源（见图 5-6）。其中，内部资源主要包含学生的已有知识经验、音乐舞蹈经验、情感态度与想象力等。从外部资源来看，教师使用了大量的非生命载体素材性资源，例如，有机融合了集对话配图与视频、歌曲音频、教材文本等多种资源于一体的多媒体课件以及黑板、单词卡片、学习单等。同时，在语法知识呈现过程中，教师使用自身的生活情感经验资源，比如已

有生活经验、情感态度与想象力等；在语法规则探讨、操练及运用环节，教师还大量使用了学生同伴资源，以促进学生的参与互动。在整个授课过程中，教师充分利用了多种条件资源，包括教室场地、希沃白板与展台、学生准备时间、教师等待时间，以及轻松愉悦的学习氛围。

表 5-6　语法课堂教学资源类型

教学步骤	内部资源	外部资源		
		非生命载体	生命载体	条件资源
语法知识呈现	·已有知识经验 ·音乐舞蹈经验 ·情感态度 ·想象力	·多媒体课件（7页） ·歌曲音频 ·图片与对话配图 ·对话视频 ·单词卡 ·黑板（思维导图）	·教师已有生活经验、情感态度与想象力	·教室 ·希沃白板 ·希沃展台 ·学生准备时间 ·教师等待时间 ·轻松学习氛围
语法规则探讨		·多媒体课件（1页） ·黑板（思维导图） ·单词卡	·教师引导 ·同伴交流	
语法知识操练		·多媒体课件（4页） ·音频与图片 ·黑板（现在分词） ·盒子与卡片	·同伴合作	
语法知识运用		·多媒体课件（1页） ·图片 ·评价表与参考词汇 ·学习单	·同伴合作	

5.5.3　语法教学资源优化配置的效益分析

语法知识是"形式—意义—使用"的统一体。基于这一以语言运用为导向的语法观，在语法课堂中，教学资源的配置与使用，不仅要帮助学生感知与理解语法的形式和意义，还应该驱动学生运用所学的语法知识进行简单的交流，以实现从知识输入到知识输出的转化。

（1）现在进行时表意功能的感知与理解过程中教学资源的使用效益。通常情况下，现在进行时具有多种不同的表意功能，比如表示正在进行的动作、强调当前的状态，抑或是表达即将发生的动作等。在本节课中，现在进行时的主要作用是表达正在进行中的动作。从生态环境的给养角度出发，为了促使学生成功感知、体会与理解这一表意功能，教师提供了相应的教学资源，而且这些资源也成功转化为了积极给养。具体而言，在语法知识呈现环节，学生完成听歌填词这一任务之后，教师进一步引导学生在歌唱的同时做出相应动作。四年级的孩子们正处于一个充满活力和好奇心的成长阶段。他们通常活泼好动，拥有丰富的想象力，热衷于参与各类体育活动和游戏。教师引导学生一起唱歌和做动作的活动，充分利用了孩子们的活力、想象力和生活经验。此外，教师自己一边表演一边提问"What am I doing now?"，同时邀请学生上台按指令做动作，并向台下的学生们提问，如"Look, what is he doing? What is she doing? What are they doing?"，台下学生则集体描述其动作。在活动过程中，教师合理选择并充分利用了教师和学生两大资源，通过不断的动作演示，让学生直观感知正在发生的动作，从而为其准确理解现在进行时的表意功能提供了有效的认知支架。在此基础上，教师播放 Daming 和 Amy 的对话视频，并要求学生找出对话中人们在公园正在做的各类活动。学生们带着之前在实践活动中积累的对现在进行时的直观认知，全神贯注地投入观看视频的任务当中。当视频播放完毕，学生们纷纷踊跃举手，迫不及待地分享自己的发现。师生之间的互动具体如下：

T：Amy and Daming get on the bus. On the bus, they can see a lot of interesting things. Look at the people in the park, what are they doing? （教师指到黑板上的 look 一词，并示意学生看课件上的对话配图）

S1：They are doing taijiquan.

T：Good job. They are doing taijiquan. （教师做太极的动作，并板书分词短语）

T：Look at the people on the lake （指到课件上的对话配图），what are they doing?

S2：They are rowing a dragon boat.

T：Good answer. They are rowing a dragon boat. （教师做划船的动作并板书分词短语）

T：Now, let's look at the men between the big trees. （夸张地朗读 big 一词） What are they doing?

S3：They are playing chess.

T：They are playing chess. （给予肯定的点头，并板书分词短语）

T：You've done a very good job. （给予鼓励的微笑） The people in the park are playing taijiquan. The men on the lake are rowing a dragon boat. And the men between the big trees are playing chess. How about these girls? What are they doing?（指到课件上的对话配图）

Ss：They are drinking soya milk.

T：Yes. They are drinking soya milk.（教师板书分词短语）Do you like drinking soya milk？

在此教学片段，除多媒体课件、对话配图以及板书外，教师还充分利用了自身的资源，比如鼓励的微笑、肯定地点头、动作演示等。从学生表现来看，教师在语法知识呈现环节所提供的教学资源成功转化为了积极给养，帮助学生成功感知与理解了现在进行时的表意功能，进而他们能够正确运用现在进行时描述对话视频中人们正在做的事情。

（2）现在进行时语法形式的归纳过程中教学资源的使用效益。英语语法知识包括词法知识和句法知识。就动词时态而言，它同时涉及句法与词汇两个层面。在本节课中，句法是现在进行时的肯定句形式，而词法则是现在分词的形式。为了有效帮助学生观察与归纳现在进行时的这两种表现形式，教师选择并整合使用了板书、学生同伴、教师以及卡片等多种教学资源。右侧黑板板书见图5-5。

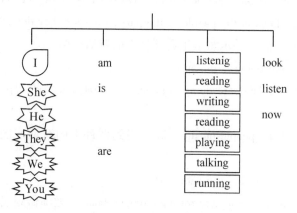

图 5-5　右侧黑板板书

从图 5-5 可见，板书通过视觉辅助和结构化展示，已经比较清晰地向学生传达了现在进行时的构成要素，包括不同主语对应的 be 动词、动词的 -ing 形式以及其他标志词。同时，在小组讨论中，同伴作为教学资源能够促进学生之间的交流与合作，而同伴间的即时反馈也有助于学生及时修正错误，从而加深他们对现在进行时结构的理解、归纳与总结。在小组讨论后，教师继续利用板书引导学生进一步观察与归纳现在进行时的结构，并利用卡片呈现现在进行时的结构要素。师生之间的互动具体如下：

T：Well. Time is up. Which group can tell us the key words we can use to describe what people are doing now?

Ss：（Keep silent）

T：（指到板书中人称代词一列）Well, my class! please look at these personal pronouns：I, she, he and so on. Which word can we use to summarize them. 我们可以用哪个词来总结这些人称代词呢？（举手示意学生来回答）

S1：People.

T：Yes, we can use people. We can also use sb.（拿出卡片 sb 贴在人称代词一列，并解释 sb 是某人的意思）

T：How about these words? Am, is and are. OK, who wants to try?

S2：Be 动词。

T：Well done. We can use "be" to summarize am, is and are.（拿出卡片 be 贴在 am\is\are 一列）

T：Then, what should be followed by "be"?（指到黑板上的 be 动词之后的位置）

S3：动词 ing。

T：Good job. So we can use the structure "Sb be doing" to describe what people are doing. That is present progressive tense.（拿出卡片贴在黑板上）

T：But when we say someone is doing something, how do we choose between "am", "is", and "are"?

S4：我用 am, 你用 are, is 用着他、她、它。

T：Good. What else?

S5：当我们说一个人时，我们用"is"。当我们说多个人时，我们用"are"。

T：Good job. What other key words do we often see when using the present continuous tense?（用中文解释，指到黑板上的 sb be doing）

S6：Look.

T：Good. Look. How about that girl?

S7：Listen, now.

T：Now let's read together.（指到黑板）

（3）现在进行时形式和意义内化与运用过程中教学资源的使用效益。

在引导学生观察、归纳与总结所学语法的使用场合、表达形式、基本意义、使用规则之后，教师需要根据学生的实际需求，选择和设计既有层次又强调整合不同类型的练习和活动，巩固所学语法知识，引导学生在语境中学会应用语法知识准确地理解他人和得体地表达自己。在本节课中，教师开展了现在分词操练、听音描述、抽卡描述、找出不同和描述图片五个既有层次又强调整合的不同类型的练习和运用活动，共用时 16 分钟。这些活动的有效开展离不开学生已有知识与生活经验、多媒体课件、卡片、图片、盒子、板书、学生同伴等多种内部资源与外部资源的优化整合。

在语法知识操练环节，借助板书开展的现在分词操练活动，充分利用了黑板这一传统教学资源，简洁直观地呈现了动词原形与现在分词的转换形式，让学生在反复的口头回应中强化记忆，有助于学生快速熟悉现在分词的变化规律，为后续的语言运用奠定基础。而多媒体课件中的音频、图片与句式资源在听音描述活动中发挥了关键作用，通过播放与生活场景紧密结合的声音，如唱歌、读书、划船等声音，同时展示相应的图片，为学生创造了生动的语境，激发了学生的兴趣和好奇心，使学生能够积极调动已有知识经验，将听到的声音与看到的画面及所学的现在进行时语法知识相联系，有效地提升了学生对该语法在实际情境中的理解和运用能力。

在抽卡描述活动中，盒子与活动卡片的组合使用增添了活动的趣味性和随机性。卡片上的词汇指示学生进行动作表演，促使学生将抽象的语法知识转化为具体的身体动作，加深了对现在进行时表达动作正在进行这一意义的理解，同时锻炼了学生的口语表达能力。在此过程中，教室讲台为学生提供了展示的空间，增强了学生的参与感。学生在同伴合作与其他同学的问答互动中，进一步巩固了所学知识，学会从不同角度询问和回答他人正在做的动作，着重培养了学生的合作学习能力和语言交流能力。

在"找出不同"这一活动中，多媒体课件所提供的相似图片以及多幅卡片，成为学生开展活动不可成缺的重要素材。学生两人一组，依据图片和卡片内容进行问答。学生在对比和交流过程中，能够更加熟练地运用现在进行时来描述人物动作。这不仅提高了他们的观察能力和语言准确性，也充分发挥了同伴合作的优势。而学生在相互学习中掌握了对现在进行时的表意功能、表达形式和使用规则的巩固。

在语法知识运用阶段，多媒体课件提供的图片、小语段、参考词汇和评价表等资源，为小组活动提供了有力支持。学生在观察图片和参考词汇的基础上，运用现在进行时补全小语段，描述图片中人物的动作，这不仅锻炼了学生的语言组织和写作能力，还培养了学生的创新思维能力。在小组汇报环节，希沃展台和学习单为学生展示成果提供了便利。学生通过角色扮演和评价活动，不仅进一步提升了运用现在进行时的能力，增强了学生的团队协作能力和自我评价能力。

综上所述，本节课通过对多种教学资源的合理选择和有效整合，在不同类型的练习和活动中充分发挥了各类资源的优势，极大地提高了教学资源的使用效益，有力地促进了学生对现在进行时形式和意义的内化与运用，达到了良好的教学效果。

6 小学英语听说课堂教学
资源优化整合的实践研究

6.1 课标中听说技能的内容要求解读

语言技能可划分为理解性技能与表达性技能两大类。其中，理解性技能包括听、读、看，而表达性技能包括说和写。与《2011版义教课标》不同，《2022版义教课标》采取整合的方式，从理解性技能和表达性技能两个维度出发，详细列出了语言技能的具体内容要求，并未将听、说、读、写、看五个技能单独列出。这表明不同语言技能之间需要相互融合，以促进其综合发展。然而，在实际教学操作中，语言技能的教学通常分为听说课、对话课、阅读课、读写课和写作课等不同类型。这些课型根据主要侧重的技能命名，但这并不意味着它们排斥技能融合的理念。因此，教师需要明确课程标准对各种技能的具体要求，以便更有效地促进不同语言技能的整合培养。

6.1.1 听力理解性技能的内容要求

在小学英语课堂教学中，听力理解技能的培养通常依托于听力对话材料。基于此，根据《2022版义教课标》语言技能内容要求可知，一级内容要求强调学生在听力活动中有意识地提取和整理所需信息，并通过语调、语气等语言特征来推断说话者的情绪、情感、态度和意图。二级内容要求则进一步细化，要求学生在听力过程中，依据上下文线索和非文字信息来推测语篇中词汇的含义以及未知的信息；同时，利用图片、图像等辅助材料来加深对听力材料的理解，并从中提取、整理和归纳关键信息。

6.1.2 口头表达性技能的内容要求

依据《2022版义教课标》，口语表达性技能的训练是一个系统化和层次化的过程（见表6-1），它不仅规定了学生说什么（内容），还关注他们使用什么材料，以及他们需要达到的口语表达水平（程度）。在内容方面，课标明确了学生在不同阶段应该学习的口语表达内容，如从简单问候与道别、个人信息、情感和喜好、日常活动、学校与学校生活及动物介绍，到更高级的主题讨论和故事叙述。在材料选择上，《2022版义教课标》提倡使用与学生生活经验和认知水平相匹配的多样化教学资源，如音频、对话、故事、歌曲和图片。这些资源不仅能够激发学生的兴趣，还能为他们提供实际的语言使用场景。在口语表达水平上，《2022版义教课标》设定了从简单的朗读和介绍到复杂的叙述和创造性表达的逐步提升目标，要求学生在语音、语调、逻辑性和观点明确性等方面达到一定的标准。通过这样的训练，学生能够提高语言的准确性和流利性，进而提升他们的口语表达能力。

表6-1　口语表达技能内容要求

级别	具体内容要求
一级	· 在语境中与他人互致简单的问候或道别； · 大声跟读音频材料，正确朗读学过的对话、故事和文段； · 交流简单的个人和家庭信息，如姓名、家庭情况等； · 表达简单的情感和喜好，如喜欢或不喜欢、想要或不想要； · 简单介绍自己的日常起居，如作息时间、一日三餐、体育活动、兴趣爱好等； · 简单介绍自己的学校和学校生活，如学校设施、课程、活动，以及同学、老师等； · 简单介绍自己喜欢的动物，如外形特征和生活环境等； · 用简单的语句描述图片或事物； · 在教师的指导下进行简单的角色扮演
一级+	· 在画面的提示下，为所学对话、故事或动画片段配音； · 口头描述事件或讲述小故事
二级	· 运用所学的日常用语与他人进行简单的交流，如咨询个人的基本信息； · 完整、连贯地朗读所学语篇，在教师的指导下或借助语言支架，简单复述语篇大意； · 围绕相关主题和所读的内容进行简短叙述或简单交流，表达个人的情感、态度和观点； · 在教师的帮助下表演小故事或短剧； · 简单描述事件或讲述简单的小故事

表6-1(续)

级别	具体内容要求
二级+	·结合相关主题进行简短的主题演讲，做到观点基本明确、逻辑比较清楚、语音正确、语调自然； ·结合主题图或连环画，口头创编故事，有一定情节，语言基本准确

6.2 教材中听说教学内容的整体解读

听与说是语言交流中两个密切相关的技能。听既是理解他人的言语、获取信息义的过程，又是语言的输入部分。说既是表达想法、情感和需求的方式，又是语言的输出部分。在英语听说课堂中，这两者相辅相成，共同发展。在多数情况下，听的内容与说的内容紧密相关。例如，学生可能会听一段对话，然后被要求复述或讨论听到的内容。在沪教版小学英语教材中，Listen and say 板块的对话材料和 Listen and sing 板块的歌谣是主要的听力教学资源。而口语教学资源，除对话本身外，还包括一些重要口语活动。

6.2.1 对话内容

在口头表达中，话题、结构和功能是有效沟通的三个关键要素。其中，话题强调语篇陈述的主要内容，是对某事件或事物的客观描述，通常会用短语或简单句来概括；结构是语言的形式；功能是语言行为，即用语言叙述事情和表达思想，如表示询问、请求、邀请、介绍、正确或错误、确切或不确切等。这三个关键要素在口头表达中相辅相成，话题是讨论的内容，结构是表达的素材，功能则是交流的目的。它们之间的相互作用，对于确保沟通的流畅性和有效性至关重要。

在沪教版小学英语教材中，各单元所含的 Listen and say 板块是听说教学的核心资源。该板块通过模拟 Peter，Alice，Kitty，Joe，Jill 等角色的日常生活场景，并以插图辅助对话的形式呈现，旨在构建一个互动性的交际环境，从而推动学生听说技能的发展。本书依据《2011 版义教课标》附录4的功能意念项目表和附录5的话题项目表，对教材中 Listen and say 板块的对话材料进行话题和功能的梳理与分析（详见表6-2）。附录4涵盖了10

个功能项目及其 62 个子功能项目，而附录 5 则包含了 24 个话题项目及其 85 个子话题项目。例如，"社会交往"这一功能项目进一步细分为"问候""介绍""告别""致谢"等 22 个子功能项目；而"个人情况"这一话题项目则涵盖了"个人信息""家庭信息""学校信息""兴趣爱好"以及"工作与职业"五个子话题项目。此处将依据这些子功能项目和子话题项目对本套教材的听说教学内容进行系统的梳理与统计分析。

表 6-2　沪教版小学英语教材中的单元话题与功能统计

学段	话题	功能
三年级上册	个人信息、家庭信息、朋友、教室、水果店、居室、动物、数字、季节	问候、告别、介绍、请求、提醒注意、购物、描述、谈论天气
三年级下册	颜色、食物与饮料、交通、动物、玩具、兴趣与爱好、身体部位、节日	就餐、能够与不能够、喜欢与不喜欢、祝贺与祝愿、介绍
四年级上册	同学、个人信息、情感、衣服、职业、学校设施、家庭用品、社区、形状、天气	问候、介绍、能够与不能够、关切、询问、存在、喜欢与不喜欢、位置、谈论天气
四年级下册	五官、饮料、自然现象、学校信息、运动、音乐、家庭活动、星期、天气情况、种植、节日、动物	材料特征、味道、时段、喜欢与不喜欢、能够和不能够、时刻、介绍、谈论天气
五年级上册	职业、上学方式、生日月份、日常生活、朋友、家庭生活、假期、娱乐活动、城市、水、火	意愿、介绍、邀请、喜欢与不喜欢、位置、问路与指路、警告与禁止
五年级下册	个人信息、房屋与住所、未来生活、阅读兴趣、周末活动、假期、学校活动、衣服、疾病、发明与技术、中国节日、日常活动	谈论所属、介绍、预测、打算与计划、购物、就医、可能与不可能
六年级上册	个人信息、假期、健康饮食、社区（邻居）、动物、朋友、周末活动、博物馆、城市、空气、树、地球	介绍、建议、存在、意愿
六年级下册	个人信息、工作与职业、学校、艺术、手工艺、体育活动、安全与保护、安全守则、环保、作家与作品、西方节日	介绍、比较、预测、喜欢、意愿、警告与禁止、能够与不能够

在沪教版小学英语教材的 Listen and say 板块中，话题和功能的选择与组织体现了一种阶段性提升的编写原则，以满足学生在不同认知发展阶段的学习需求。在低年级阶段（三年级），教材侧重介绍日常生活场景，例

如个人情况、家庭与朋友、颜色、动物、食物与饮料等基础话题。通过这些简单话题的学习，学生能够掌握基本的交际用语（如问候、告别、介绍等），为后续学习奠定坚实的基础。进入中年级阶段（四年级），教材话题的多样性得到增强，覆盖了家人与朋友、日常生活、情感、衣服、职业、学校设施、家庭用品、社区、形状、天气等领域。这些话题不仅丰富了学生的语言输入，也为他们提供了更多表达个人情感和观点的机会。在高年级阶段（五、六年级），教材进一步引入了更为抽象和复杂的话题，如自然现象、科目、音乐、家庭活动等，以及更高级的语言话题，如预测、计划、购物、就医等。这些内容旨在进一步提升学生的综合语言运用能力，使他们能够在更广泛的主题上进行深入的讨论和交流。

　　除阶段性提升原则外，本套教材话题和功能的选择与编排也体现了重复与强化原则。这种设计确保了学生在不同年级的学习过程中，对核心话题和交际功能进行循环复习和逐步扩展，从而在口头表达中语言更为丰富和多样。通过在不同语境下反复接触和实践相同的语言结构，同时学习新的语言结构，学生能够逐步积累并构建起一个多层面的语言知识体系。这一体系不仅包括基础词汇和句型，还涵盖了更复杂的语言结构和表达方式，使得学生能够在各种交际场合中灵活运用英语，表达更加精确和生动的意义。例如，在本套教材的三年级上册、四年级上册、五年级上册、五年级下册、六年级上册、六年级下册六册中的均涉及个人情况这一个话题，这个话题的具体内容如表 6-3 所示。

表 6-3　不同学段"个人情况"的话题内容与语言结构统计

学段	内容	主要语言结构
三年级上册	个人信息、家庭信息	I'm ... Who's he? He's my father.
三年级下册	兴趣与爱好	I like singing.
四年级上册	个人信息	I can ...
四年级下册	学校信息	I like maths and science. What subjects do you like?
五年级上册	梦想职业、个人信息	What do you want to be? I want to be ... When's your birthday? It's on 26th Septemeber.

表6-3(续)

学段	内容	主要语言结构
五年级下册	兴趣与爱好	My favourite books is ... It's about ... I like it because ...
六年级上册	个人信息	... was a baby. My hair was short and my eyes were big. Now my hair is long.
六年级下册	身高、体重	I weigh ... kilograms. How much do you weigh? I'm ... centimentres tall. How tall are you?

从表6-3中发现，个人情况这一话题的内容随着年级的提升而逐渐丰富。起始于三年级上册，学生学习介绍基本的个人与家庭信息。随后，在三年级下册，教材扩展到兴趣与爱好的表达，如"I like singing."。进入四年级，教材开始涉及个人能力，使用"I can ..."结构。到了五年级上册，话题进一步扩展到梦想职业和更详细的个人信息，如"What do you want to be? I want to be ..."和"When's your birthday? It's on 26th September."。在五年级下册，学生使用"My favourite books is ... It's about ... I like it because ..."介绍更具体的兴趣爱好。到了六年级上册，教材引导学生回顾过去，描述个人成长变化，如"... was a baby. My hair was ... and my eyes were big. Now my hair is long."。最后，在六年级下册，个人信息的话题进一步细化到身高和体重的讨论，使用"I weigh ... kilograms."和"I'm ... centimetres tall."等表达。这一循序渐进，不断丰富的过程，不仅反映了学生认知能力的发展，也体现了教材在语言知识体系构建上的连贯性和深度。

6.2.2 单元听说活动

听说技能是人际交流的根本，对学生的语言理解与表达能力的发展起着关键作用。在语言学习的过程中，培养听说能力至关重要，它直接关系到学生是否能够流畅地运用英语进行交流。因此，教材中听说活动的设计和实施对于学生的语言学习具有显著的影响。接下来，本小节将对沪教版小学英语教材在不同年级中听说活动的设计进行详细的统计与分析，以揭示其对学生听说能力发展的促进作用。这一分析，旨在为教材听说教学资源的优化配置提供实证依据和实践指导。

表6-4　不同学段的听说活动统计

学段	听说活动类型与频次	总数
三年级上册	Make and say（2），Say and act（8），Sing a song（4），Play a game（6），Draw and say（1），Read and circle（1），Listen and enjoy（2），Ask and answer（1），Read and trace（3），Point and say（1），Color and say（1）.	30
三年级下册	Sing a song（4），Say and act（7），Play a game（3），Tick and say（2），Do a survey（2），Listen and enjoy（2），Make and say（3）.	23
四年级上册	Make and say（2），Listen and enjoy（3），Ask and answer（5），Say and act（5），Think and say（1），Play a game（3），Do a survey（3），Draw and say（2）.	24
四年级下册	Ask and answer（4），Listen and enjoy（2），Play a game（2），Sing a song（2），Make and say（1），Do a survey（2），Say and act（1），Think and say（1），Read and match（1）.	16
五年级上册	Ask and answer（5），Play a game（3），Draw and say（2），Do a survey（4），Say and act（4），Make and say（3），Listen and enjoy（4），Sing a song（1），Stick and say（1）.	27
五年级下册	Sing a song（1），Listen and enjoy（4），Ask and answer（9），Do a survey（2）.	16
六年级上册	Think and say（1），Ask and answer（7），Sing a song（2），Do a quiz（1），Do a survey（3），Listen and enjoy（1），Say and act（1），Make and say（1），Think and say（1）.	18
六年级下册	Do a survey（5），Listen and enjoy（4），Ask and answer（2），Make and say（2），Read and tick（1），Sing a song（1）.	15

从表6-4中可以发现，沪教版小学英语教材针对不同年级所设计的口语活动具有丰富性和层次性的特点。从活动数量的角度来看，口语活动最多的是三年级上册和五年级上册，分别包括30个和27个；其次是四年级上册和三年级下册，分别包括24个和23个；口语活动最少的是六年级下册，仅包括15个。从活动类型上，这些口语活动主要围绕"做、玩、演、画、唱与思考"等形式展开。其中，"Ask and answer"出现了33次，"Say and act"出现了26次，"Do a survey"出现了21次，"Play a game"出现了17次，"Make and say"出现了14次。随着年级的提升，教材开始注重思维训练的口语活动，例如四年级上册、四年级下册、六年级上册包含"Think and say"活动，这表明教材在高年级阶段开始在口语活动中培养学生的思维能力。从教学资源的角度来看，这些口语活动的开展离不开素材性和条件性资源的支持。总体来看，教材的口语活动设计通过多样化的实

践机会，旨在逐步提升学生的口语技能，并鼓励他们在真实语境中有效运用英语。这种由浅入深、循序渐进的活动安排，不仅有助于学生巩固和扩展语言知识，也有助于提高他们实际运用语言的能力，从而为学生未来的英语学习奠定坚实的基础。

在听力活动方面，该教材主要局限于"Listen and enjoy"，且数量不多，难以对学生听力技能的培养起到支撑作用。通过口语交流活动，学生在对话、游戏和角色扮演的过程中，也能间接提升听力技能。但不管如何，教师在课堂上应补充额外的听力材料，以满足《2022 版义教课标》对学生的听力技能训练的内容要求。

6.2.3　模块项目口语活动

沪教版小学英语教材中的 Project 部分是该教材的一个显著特色。这些项目编排在每册书各个模块的末尾，全书共包含四个 Project。每个 Project 都紧密围绕学生日常生活中的主题展开，如家庭、学校生活、健康和传统节日等，其中口语活动包括角色扮演、模拟对话、故事复述和小组讨论等。这些实践活动通常需要学生与同伴合作，在真实或模拟的交际情境中，运用他们所学习的核心词汇与句式。这种合作学习的方式，不仅锻炼了学生的口语交际能力，而且培养了他们的团队合作精神和社交技能。在此过程中，学生学习如何清晰、连贯地表达个人想法和观点，同时也学习如何倾听和理解他人的意见。下面以三年级上册为例，讨论项目活动类型与目的。本册书包括 My mask，My friends，A fruit basket，An animal book 四个项目。

在 My mask 项目中，学生两人一组，小组成员轮流扮演特定的角色并佩戴面具（见图6-1）。与此同时，另一名学生运用关键交际用语，包括问候语"Hello! How are you?"以及询问身份的句式"Are you …?"进行日常英语交流，并猜猜对方是谁，以此练习口语交际技能。在此活动中，除面具外，学生同伴也是一种重要的资源。

图 6-1　Project 1 口语表达活动

My friends 项目包含两个口语活动（见图6-2）。第一个活动是 Do show-and-tell，学生运用特定的句式结构，如"This is … My hair is … My eyes are …"来描述自己的外貌特征，以及使用"This is … He's/She's … His/Her eyes are …"来介绍朋友的外貌特点。第二个活动是 Play a game，学生三人一组，其中一名学生详细描述某位朋友的外貌特征，而另两名学生则需要根据描述猜测所指的朋友是谁。在此过程中，学生需要运用核心句式"Who is …? Is he/she …? Yes, he/she is."来进行交流。通过这些活动，学生能够在实际语境中运用并巩固所学的语言知识与技能。在此活动中，除图片外，学生自身与同伴也是一种重要的资源。

图 6-2　Project 2 口语表达活动

在 A fruit basket 项目活动中（见图6-3），学生首先需要在一个篮子的图片中画出他们所喜爱的水果。随后，他们向一位同伴展示这幅画，并运用句式"Is this a …? Yes, it is."和"Are these …? Yes, they are."来进行问答互动。通过此活动，学生能够在具体的语言使用情境中练习并强化对目标语言结构的巩固。在此活动中，除图片外，学生同伴也是一种重要的资源。

图 6-3　Project 3 口语表达活动

An animal book 项目中的口语表达活动为 Do show-and-tell（见图 6-4）。在此活动中，学生将使用核心句式来描述一种小动物的外貌特征，如 "This is a ... Its tail is ... Its ..."。该活动旨在为学生后续制作简易动物书籍的任务做准备。

图 6-4　Project 4 口语表达活动

在三年级起步阶段，项目活动的设计注重学生的直接参与和体验，让学生在实践中学习基础词汇和句型，使他们在轻松愉快的氛围中接触和使用英语。进入四年级，通过 My classmates 和 Family sports day 等项目，教师引导学生将学习内容与日常生活紧密结合，通过调查、讨论和角色扮演等互动形式，提高学生的口头表达能力。这些项目不仅加深了学生对语言的理解，还有利于他们沟通技巧的提升和团队合作精神的培养。到了五年级，项目如 My future 和 Changes and differences 开始引导学生思考更抽象的概念，如未来规划和变化对比，这要求学生运用更高级的语言结构和表达方式。这些活动往往涉及更复杂的语法和词汇，同时也鼓励学生进行创造性思考和批判性分析。在六年级，学习项目设计更加注重学生的独立思考和创新能力，如 Planning a holiday 要求学生综合运用所学知识规划假期活动，这不仅训练了学生的口语表达能力，也锻炼了他们的组织和策划能力。这些项目通常需要学生进行信息收集、分析和呈现，充分彰显出英语学习的综合性和应用性特质。总体来看，沪教版小学英语教材的 Project 部分通过不同学段的项目设计，构建了一个由基础到高级、由简单到复杂的英语学习活动体系。这些项目不仅在纵向上体现了英语学习的深度和广度，而且在横向上通过多样化的主题和情境，增强了学生的口语表达能力。通过这些活动，学生能够在真实的语境中运用英语进行有效沟通，为初中阶段的英语学习奠定坚实的语言基础。

6.3 教材听说教学资源的功能与价值挖掘

在沪教版小学英语教材中，Listen and say 板块的对话和其他板块中的口语活动构成了听说教学的核心素材。其中，对话部分包括对话内容及其与之相匹配的音频、视频和插图等教学资源。

（1）深入挖掘对话语篇的内容，为初步设计听说活动提供依据。依据《2022 版义教课标》所提出的三维框架，教师可以对对话内容进行深入分析，而具体的分析策略已在 2.2 节中详尽阐述，故在此不再重复。通过对话语篇分析，教师可以深入把握对话语篇的主题、内容、文体结构、语言特点、作者态度和主题意义等。这为设计听说教学活动提供了依据。依据《2011 版义教课标》附录 7 中的评价案例，教师在听力教学中不仅要关注学生的答案正确率，更要重视学生在听力过程中的表现，包括听音次数、反应速度、参与程度以及需要帮助的程度。这些表现不但是评价学生听力能力的重要依据，也是教师提炼听力教学内容的重要参考。具体来说，教师首先需要确定学生在听力活动中需要关注的关键信息，这些信息可能包括对话中的重要细节、反复出现的主题词汇或语法结构。其次，教师根据学生的需求，确定需要培养的听力策略，如预测（predicting）、听主旨（listening for gist）、听主要信息（listening for main information）、听细节（listening for details）、猜词（guessing meaning）等。再次，教师应预测学生在理解这些关键信息时可能遇到的挑战，如难以捕捉的发音、复杂的句型或不熟悉的语境，同时预测学生在听力过程中需要听的次数、他们的反应速度、参与听力活动的积极性以及在哪些方面需要额外帮助。最后，教师还需要考虑学生的已知和未知，确定听力教学的重点和难点。通过这样的分析和预测，教师能够更有效地使用听力材料，设计出符合学生实际需要的听力活动，从而提高听力教学的质量和效果。

依据《2011 版义教课标》附录 7 中的口语评价案例 11，评价活动有模仿、朗读、回答问题、对话交流、自主表达（讲故事、自我介绍、根据话题或图片进行即兴表达）。同理，结合听力教学的内容，在对话语篇分析的基础上，教师首先需要确定主题以及核心的词汇与句式。其次，教师可以让学生用这些词汇与句式进行表达，即语言的功能，预设可以开展的口语活动。最后，教师根据口语活动的表现性评价标准以及学生的已知和未知，确定口语教学的重点和难点。

（2）深入挖掘音频、视频和插图等教学资源，为优化听说教学活动提供依据。利用音视频资源，在学生听或观看对话时，教师可以引导他们关注发音、语调、节奏和非语言信息，如肢体语言和面部表情。教师也可以通过听力理解任务和口语模仿练习，如填空、选择和角色扮演，让学生实践和巩固所学语言。而利用插图资源，教师可以引导学生关注图片与文字之间的再现关系，分析人物或动物的行为表现、表情变化、心理状态、色彩运用以及场景布置等元素，这些视觉信息是对话主题意义构建的关键要素。

下面以五年级上第四模块第十单元 Water 中的 Listen and say 板块为例，讨论如何深入挖掘听说教学资源（见图 6-5）。

We use water to
wash our hands.

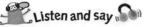

Listen and say

Ms Guo: Where does water come from?

Joe: It comes from the sea.

Alice: It comes from the rain.

Peter: It comes from the tap too.

Ms Guo: All of you are right. How do we use water?

Jill: We use water to wash our hands. We use water to wash vegetables and clothes too.

Alice: Farmers use water to grow crops. Firemen use water to put out fires.

Ms Guo: Very good. Water is very useful.

图 6-5　Module 4 Unit 11 Listen and say 板块听说材料

在进行此板块的对话研读时，教师可以从 what，why，how 三个维度进行深入分析，以确保教学活动能够全面覆盖语篇的核心要素。在 What 维度，对话内容围绕"水的用途"展开，通过 Ms Guo 与 Joe，Alice，Peter 和 Jill 四位学生的互动，探讨了水的不同来源，如海、雨和自来水，并讨论了水在洗手、洗菜、洗衣服以及农业和消防中的多种用途。在 Why 层面，教师通过讨论水的多种用途，引导学生思考水资源的价值，讨论日常生活中水资源的保护措施，树立节约用水的意识，从而实现语篇的育人价值。至于 how 的维度，语篇通过对话形式展开，这种互动性强的文体结构适合小学生的年龄特点，易于激发他们的兴趣并提升他们的参与度。从语言来看，作者运用了简单的句子结构和基础词汇，如"Where does water come from?"和"We use water to..."等句型。这些句型不仅便于学生理解，也便于他们模仿和运用，对于学生听说技能的提升大有裨益。

在视觉设计语法理论的指导下，基于《2022 版义教课标》所提倡的语篇研读方法，曾正平（2023）提出了一种基于视觉设计语法的对话插图分析方法，该方法通过 What，Why，How 三个维度来深入理解和挖掘插图在教学中的价值与功能。基于这一方法，从 What 维度看，插图以叙事再现的方式，呈现了对话环境，其中教师正在提问，而学生则通过"思维泡"的形式展示了对水来源的思考，包括自来水、海水和雨水。从 Why 维度看，配图的设计意图在于激发学生对水的多功能性和价值的深入思考。教师通过引导学生观察"思维泡"中孩子们的思考，可以帮助学生了解水在日常生活中的用途，如个人卫生、农业灌溉等，并帮助他们认识到节约用水的重要性。从 How 维度看，插图中的语言表征，如 sea，rain，tap，直接对应对话中的关键词汇。尽管配图未直接展示水的多种用途，如洗手、洗衣服、灌溉等，但其与文字内容的独立性减少了学生在图文理解过程中的干扰。此外，插图的人物与读者之间的近距离感、高明亮度和色彩饱和度，均可以吸引学生的注意力并提高他们的学习兴趣。总体而言，插图作为一种重要的教学资源，在听说教学过程中，它发挥着多重重要作用，包括激发学生的兴趣、促进对语言的理解、加深对主题的探讨和培养学生的核心素养。

在本节课中，教师可以深入挖掘音频和视频资源的多种功能与价值，以提升学生的听说技能。例如，在学生进行听力练习或观看对话时，教师可以引导学生关注语言的语音特征，包括句子重音（如 water，sea，rain， tap, farmers, firemen, useful) 和连读现象（如 all of, put out），以及爆破音的使用（如 It comes、out fires 中）。在讨论水的来源（如海洋、雨水、自来水）和用途（如洗手、洗菜、洗衣、农业灌溉、灭火）时，教师可以展示与对话内容相关的视频片段，并引导学生运用目标语言开展句型操练活动，如 "Where does water come from? It comes from …" "We use water to …"。教师也可以安排学生扮演对话中的角色（如 Ms Guo，Joe，Alice，Peter，Jill），让他们模仿角色的语音和语调，并在角色扮演中模拟相关动作，如农民灌溉农田或消防员灭火的场景。教师还可以鼓励学生为视频中的人物配音，或者在听完一段音频后，观看相关的无声视频，并根据记忆和理解为视频配音，以此提高学生的语言表达和创造性思维能力。

6.4 课堂非教材听说教学资源的合理开发

为了有效提升学生的听说技能，教师需要整合多种教学资源，为学生提供一个良好的听说学习环境。

（1）注重非生命载体素材性资源的开发与利用。在小学英语教学场域，教材中的听力材料构成了听说教学的核心。教师应基于这些材料设计听力活动，比如预测、听音打勾、听音排序、听音表演、听音画画、听音填空及听音回答问题等，旨在提升学生的听力理解能力。同时，教师应通过听力材料引导学生参与口语活动，如口头回答、模仿跟读、创造性对话构建、角色扮演、对话复述及讨论等，以促进听力与口语技能的协同发展。研究表明，听力理解是口语表达的前提条件。为了进一步增强学生的听力理解能力，教师可以整合视频、动画、歌曲等多媒体资源。这些资源不仅能够激发学生的兴趣，还能提供更加丰富的语言输入。在选用教材以外的听力教学资源时，教师需要考虑这些资源是否健康、积极向上，是否符合我国主流价值观念。例如，在上述教学案例中，一位教师选取以下课外听力材料：在导入环节，选用一首关于水的短诗，引导学生听音猜测本节课的话题。接着，教师播放了一段视频并引导学生思考本节课的三个关键问题 "Where does water come from? How do we use water? How can we save water?"。在视频中，一位讲述者利用图片介绍了水的起源、用途以及水资源面临的挑战。继而，教师引导学生聆听一段音频材料，让学生回答问题："Where does water come from? It comes from the _____." 在学生了解水的来源之后，教师播放了另外一个歌曲视频，并利用视频中的图像，让学生描述水的不同用途（见图6-6左）。接着，教师又播放了一个小语段音频，让学生完成搭配连线活动，并在此基础上开展口语练习活动（见图6-6右）。最后，教师播放教材中的听力材料，指导学生开展跟读练习。在本教学案例中，教师有效整合了非生命载体的辅助教学资源。除教材中提供的听力材料外，教师还精心挑选了包含教育价值的多样化听力材料，如短诗、视频、音频和歌曲视频等。借助这些资源，教师设计了一系列听力活动，如听音预测、信息匹配和问题回答等。听力练习之后，为了将所听内容转化为口语表达，教师还组织了提问、角色扮演和对话复述等口语活动。这些精心设计的听力与口语活动不仅增强了学生的听力理解能力，也促进了他们的口语技能的提升，从而体现了一种旨在推动听力与口语技能共同进步的教学理念。

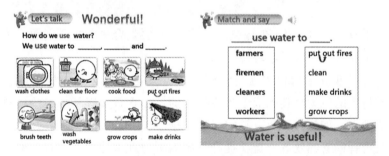

图6-6　听说融合练习活动

（2）注重生命载体素材性资源的开发与利用。在英语听说课堂中，教师与学生构成了两种核心的内生性人力资源。学生的个人兴趣、学习动机、已有语言知识、生活经验及合作意识等，均属于学生资源的范畴，这些资源对于促进听说活动的顺利进行至关重要。根据霍华德·加德纳（Howard Gardner）提出的多元智能理论，学生具有语言智能、音乐智能、身体动觉智能、空间智能、逻辑数学智能、人际智能和自我认知智能。教师可以通过识别和利用这些智能类型，设计并实施个性化的听说活动，从而激发学生的学习兴趣和动机。在进行听力练习时，学生往往会遇到不熟悉的主题。因此，在进行听力活动之前，开展复习旧知识、教授新词、介绍相关话题背景知识等口语活动非常重要。这能够有效地促使学生运用他们已有的语言知识与生活经验，使其在听力练习中更有效地理解和吸收信息。而在听完材料后，教师也需要鼓励学生之间相互核对答案、提供反馈、分享他们的理解和疑惑。这样的互动方式不仅培养了学生的团队合作精神和合作意识，还能通过同伴间的讨论和交流，促进学生对听力材料的深入理解。

教师资源的开发同样关键。教师的学科教学知识结构、生活经验和情感态度都是宝贵的教学资源。一是教师的学科教学知识结构（PCK）是其专业素养的重要组成部分。它不仅包含了学科内的专业知识，还融合了教学法知识，即如何将这些知识有效地传授给学生的策略和方法。一个拥有丰富学科教学知识结构的小学英语教师，能够设计出既符合学科逻辑又贴近学生认知水平的听说活动，使学生在参与体验中学习。二是教师的生活经验是宝贵的个性化教学资源。它们不仅让课堂内容变得丰富多彩，还为学生带来了真实世界的视角和深刻的情感体验。通过分享个人经历、生活实例和社会观察，教师能够拉近与学生的距离，建立起亲密和信任的关系。这种情感纽带有助于营造一个温馨、包容的课堂氛围，让学生在听说活动中更加放松、自信地表达自己。三是教师的情感态度对课堂教学氛围和学生学习效果具有重大的影响。一个充满热情、耐心和关爱的教师能够营造出积极向上、相互尊重的学习氛围，使学生感受到被重视和鼓舞。这种积极的情感氛围能够激发学生的学习动机和兴趣，增强他们的自信心。同时，教师的鼓励和支持也非常重要，因为它们能够帮助学生克服语言学习中的困难，保持持续的学习动力和热情。综上所述，教师的学科教学知识结构、生活经验和情感态度是三大核心资源，它们的整合与运用对于提升小学英语听说教学效率具有重要的意义。

（3）注重有形条件性资源的开发与利用。在听说课堂中，教师有必要将多媒体、电脑、电子白板等信息技术工具以及记号笔、笔记纸等传统教学媒介结合起来，共同营造了一个良好的听力练习环境。在这一环境中，教师精心挑选适合教学内容的英语原声故事、儿歌、日常对话等听力材料，利用技术手段调节播放速度、设置重复播放与分段解析，以匹配不同学习水平的学生需求。教师也可以要求学生准备记号笔与笔记纸，鼓励学生边听边做笔记，记录下关键词汇、重要信息或自己的理解感悟。这不仅能提高学生的专注度，还能培养他们的信息筛选和整理能力。

（4）注重无形条件性资源的开发与利用。时间、空间、环境是英语听说课堂中关键的无形条件性资源。一是时间资源的精细化管理。时间管理在英语听说课堂中体现在听力与口语活动时间的合理分配上。鉴于听力是语言理解的基础，而口语则是语言输出的实践，教师应精心策划听说结合的教学活动，如听后即时复述、情境角色扮演等，确保学生在充分理解听力材料后，能迅速过渡到口语实践阶段，实现语言输入到语言输出的无缝衔接。此外，教师应根据学生的反馈意志与学习进展，动态调整听力与口语活动的时间分配，对难点内容增加听力理解时间，通过重复播放、详细解释等手段来加深学生对于知识点理解；而对学生掌握欠佳的话题与功能，则应增加口语实践时间，鼓励学生积极发言，进一步提升他们的口语表达能力。二是空间资源的合理布局。针对不同口语活动开展的教学需求，教师应灵活规划空间布局。例如，结对子活动需要两位学生间有足够的互动空间；在开展小组活动时，可灵活调整座位安排，促进前后排学生间的合作与交流；在全班展示环节，可设置专门的展示区，为学生搭建自信展现自我的平台。同时，还可以根据教学活动的特点，适时调整桌椅的排列，如采用"U"形或圆形布局，以促进小组内的讨论与互动，营造更加积极、开放的学习氛围。三是物理环境的全面优化。物理环境作为影响学生专注度与学习效率的重要因素，其优化不容忽视。具体而言，良好的光线与通风条件也是营造舒适学习环境不可或缺的要素，它们不仅能改善学生的精神状态，还能助力学生保持清醒与专注。在听力练习阶段，教师需要严格控制噪音水平，确保教室环境宁静，使学生能全神贯注地聆听听力材料，降低外界干扰对听力理解造成的影响。同时，教师需要通过教室的精心布置、和谐的色彩搭配以及激励性的学习标语，营造积极向上的学习氛围，潜移默化地激发学生的学习动力，促进他们更加积极地投入听说练习中。

6.5　小学英语听说课堂教学资源优化整合的案例分析

本案例选自四川省乐山市高新区嘉祥外国语学校潘杨老师的一节小学英语听说课。

6.5.1　案例背景

本节课聚焦 NSE 五年级上册第一单元"Are you feeling bored.", 话题是关于情绪的表达，由"Look，listen and say""Listen，read and act out""Listen and say""Practice"四个部分组成；语篇以对话形式呈现，并配有插图。"Look，listen and say"板块通过问句"Are you feeling sad? Are you feeling happy now?"和小狗叫声来引入情绪表达的话题。Listen，read and act out板块以Amy，Lingling以及Ms Smart的对话展开，对话围绕Lingling的情绪变化，从Amy询问Lingling是否无聊、想念朋友、生气、难过等，到最后从Ms Smart那里得知奶奶病情好转后的开心，展现了不同情绪的表达及背后的原因。本对话文本涉及情绪表达相关词汇，如bored，sad，angry，happy等，还包含用于情绪询问与描述的核心语言，如"Are you feeling …?""What's the matter?"和"I'm happy/sad now."等，在Amy与Lingling的对话中多次运用这些句式来表达和交流各自的情绪状态。Listen and say板块是Lingling询问Tom是否感觉枯燥和伤心的简单配图对话。Practice是本节课的输出活动，要求学生以两人一组，使用目标句式和词汇询问三位小朋友及Ms Smart的心情。在本节课中，通过学习情绪表达，学生能够更好地理解和表达自己及他人的情绪，增强人际交往能力，同时也有助于培养学生的同理心和情感认知能力。

学生在之前的学习过程中已经接触过现在进行时一般疑问句和简单陈述句的表达形式，对于这些句式的理解和运用具备了一定基础。在本节听说课中，授课教师设计了以下四个教学目标：

（1）在看、听、读的活动中，获取对话中Lingling情绪变化与背后原因；

（2）在教师的帮助下，分角色表演对话，展现出奶奶生病时Lingling从伤心、难过到奶奶病情好转后开心喜悦的情绪变化过程；

（3）运用所学语言，探讨Daming，Sam，Ms Smart，Tom的心情；

（4）借助视频，探讨如何有效地管理自己的情绪，如深呼吸、停止冲突、听歌等。

6.5.2 听说教学资源优化配置的结构特点

在听说课堂中，教学资源优化配置指的是在教学过程中，紧密围绕听说技能培养的核心目标，对教材、多媒体课件、黑板、音视频、教具等各类不同教学资源进行有针对性的筛选、整合与优化，以实现资源的最大化利用，从而有效提升其听力理解和口语表达能力。表6-5的教学过程是根据真实的课堂实录改写而成的，主要包括听前、听中和听后三个环节，以及各个环节所涉及的具体教学资源。

表 6-5　听说课教学活动与教学资源

步骤	教学活动	教学资源
听前阶段（6′15″）		
热身	1. 问候，询问日期，板书并教读。 2. 通过复习，引出情绪表达这一话题。 T：What did we talk about in module seven? Dogs. Now let's read it together. Dogs are clever. Dogs are cute. They can help a lot. Dogs are useful. Dogs are cool. They can do a lot. T：Good! Everybody, please look at the dog. Is the dog feeling happy? 3. 播放视频，回答问题：Is the dog feeling happy? Does the boy help him? 并小结："Dogs help people. People also should care for dogs."。 4. 让学生集体朗读 "Look, listen and say" 中的简短对话。	·学生已有知识经验 ·多媒体（对话配图、视频等） ·黑板
呈现新语言	5. 利用多媒体呈现课题，引导学生集体朗读。 6. 采用头脑风暴的形式，让学生说出表达不同情绪的词，并板书黑板上。 T：In this unit, we are going to talk about …（稍作停顿，等待学生回答）feelings. What feeling words do you know? Ss：Happy, sad, angry, hungry, bored, tired, scared … T：Wow, there are so many feeling words. OK! If you want to ask for others' feelings, we can say …（稍作停顿，等待学生回答）"Are you feeling …? Yes, I am. / No, I'm not."（板书句式） 7. 利用新句式，询问学生的情绪。 T：Are you feeling …? S1：… …	·多媒体 ·黑板 ·学生已有情感经验

表6-5（续）

步骤	教学活动	教学资源
预测	8. 引入对话的学习。 T：Today，we are going to read a story about our old friend，Lingling. 9. 呈现对话配图，让学生谈论玲玲的心情。 T：Look at the picture, how does Lingling feel? … T：Maybe，Lingling is happy. Maybe Lingling is … Who is right?	·多媒体（对话配图等）
听中阶段（6′30″）		
获取 与梳理 信息	10. 播放视频，让学生获取有关玲玲心情的信息。 T：Now，let's watch the video and find out Lingling's feelings？ 11. 引导学生说出玲玲情绪变化的过程，并板书。 T：On the first day, Lingling is sad. The next day, Lingling is happy. From sad to happy, what happened? Why is Lingling sad? Why is Lingling happy? ┌─────────┐　　┌──────────┐ │The first day│　　│The second day│ └─────────┘　　└──────────┘ 　　sad ───?───→ happy 12. 播放课文录音，让学生听取玲玲情绪变化的原因。 13. 核对答案，并在此基础上引导学生梳理更多的故事细节，并板书。如：Well, everybody. Where is Lingling now? Lingling is in the UK，but her grandma is in China. Her grandma is in hospital. How does Lingling know that? ┌─────────┐　　┌──────────┐ │The first day│　　│The second day│ └─────────┘　　└──────────┘ 　　sad ───?───→ happy Her grandma is ill.　Her grandma is better.	·多媒体（对话文本、课文音视频等） ·黑板

表6-5（续）

步骤	教学活动	教学资源
听后阶段（22′15″）		
内化与实践	14. 带领学生集体朗读课文对话。 15. 呈现一个改编的简短小对话，引导学生填空。 The first day Amy：Are you feeling <u>sad</u>? Lingling：Yes，I am. Amy：What's the matter? Lingling：My grandma is <u>ill</u> in hospital. The next day Amy：Are you feeling sad now? Lingling：No，I'm not. I'm <u>happy</u>. Amy：How is your grandma? Lingling：My grandma is <u>better</u> now. She went home this morning. 16. 让学生分角色朗读上述改编的对话。男生扮演玲玲，女生扮演 Amy。 17. 让学生以两人一组进行角色扮演。首先，学生根据评价规则，即"声音洪亮 1 颗星，语言流畅 1 颗星，有动作 1 颗星"，利用一分钟时间准备；然后邀请多个小组向全部汇报；最后师生一起根据评价规则进行评价。 18. 提供故事框架，让学生选词填空，1 分钟准备故事复述，并向全班汇报，最后全班集体复述。 19. 让学生两人一组，完成教材中的"Practice"，提供 1 分钟的准备时间，然后邀请学生展示。 20. 在总结本节课内容的基础上，播放视频，让学生谈论如何管理自己的情绪。 T：In today's lesson. We talk about feelings. Everybody，are all feelings good? What are good feelings? What feelings are bad? When you have bad feelings，what will you do? 21. 布置作业，要求学生完成练习册上的练习。	·对话文本 ·多媒体（改编对话、故事梗概、教材活动、视频等） ·评价资源 ·时间（电子白板） ·同伴资源 ·练习册

  依据课堂教学资源配置结构分析框架，在本次授课过程中，授课教师对内部资源与外部资源予以整合选用（见表 6-6）。其中，内部资源主要包含学生的已有知识与生活经验。从外部资源来看，教师使用最为频繁的是非生命载体的素材性资源，如有机融合了集对话配图、音视频、教材文本等多种资源于一体的多媒体课件以及黑板板书等。其次为时间这一无形

的条件性资源，再者为学生同伴资源，而教师资源的使用则相对较少。在整个授课过程中，教师将上述各类资源进行了有机融合，以此推动学生的学习以及自身教学活动的顺利开展，进而实现教学效果的优化与提升，为学生的听力理解能力和口头表达能力的提升提供有力支撑。

表6-6　听说课堂教学资源类型

步骤	内部资源	外部资源		
		非生命载体	生命载体	条件性资源
听前	已有知识经验 已有生活经验	·多媒体（5页） ·黑板 ·对话配图 ·课文视频	·教师	·教室 ·电子白板 ·准备时间 ·等待时间 ·轻松的学习氛围
听中		·多媒体（3页） ·黑板 ·课文音视频	·教师	
听后		·多媒体（6页） ·黑板 ·视频	·教师 ·同伴	

具体而言，在听前环节，教师以学生已有的知识经验为切入点，借助多媒体呈现第七模块第一单元"Listen and chant"中的童谣，自然过渡到本课时的第一板块"Look，read and act out"，并由此引出情绪表达这一话题。随后，教师运用头脑风暴的方式，引导学生说出诸如 happy，angry，sad，hungry，bored，tired，scared 等与情绪表达相关的词汇，并在此基础上呈现目标句式，同时结合黑板进行板书。最后，教师运用多媒体玲玲的图片，并询问玲玲的心情。这种将多模态资源相结合的方式，从听觉、视觉等多个维度激发学生的学习动机，为后续听中环节奠定必要的语言知识基础。

在听中环节，主要资源为集对话文本、音视频于一体的多媒体课件、黑板及教师的启发与引导，通过播放视频让学生获取玲玲心情的信息，视频作为动态的视觉和听觉资源，能生动呈现故事内容。同时，利用黑板板书玲玲情绪变化的过程及相关故事细节，如"On the first day，Lingling is sad. The next day，Lingling is happy."等，将抽象的文字信息以结构化的形式展示在黑板上，帮助学生梳理和记忆。通过对这些资源的整合使用，学生能够全面理解玲玲情绪变化的过程及原因，提高学生获取信息和逻辑思维的能力。

在听后环节，改编对话则是对课文的灵活运用，通过填空的形式引导学生进一步熟悉对话内容。评价规则是重要的互动性资源，如"声音洪亮1颗星，语言流畅1颗星，有动作1颗星"，能激发学生积极投身对话表演之中，提高学生的表现欲和对自身表现的关注度。时间的限制（如1分钟准备时间）增加了活动的紧张感和挑战性，促使学生在规定时间内高效准备。故事框架同样属于互动性资源。学生借助选词填空以及故事复述的方式，锻炼自身语言组织和表达能力。与此同时，在小组合作中，学生们相互交流、互相评价，进一步增强了互动性。教材中的"Practice"为学生提供了更多实践机会，学生两人一组完成练习，进一步巩固所学知识。此外，有关情绪管理视频资源的使用，引导学生谈论如何有效管理情绪，拓展了学生的思维深度和广度，同时也增加了课堂的互动话题。练习册作为课后作业资源，有助于学生在课后进一步巩固所学内容，实现课堂与课后学习的有效衔接。

6.5.3 听说教学资源优化配置的效益分析

在本节听说课中，教师对多种教学资源进行优化整合，围绕看、听、说三项语言技能展开教学，同时注重培养学生的理解能力和表达能力。

（1）看的过程中的教学资源效益。"看"通常指利用多模态语篇中的图形、表格、动画、符号，以及视频等理解意义的技能。在本节课的多个环节中，在"看"的理解性技能的培养过程中，教师除选择对话配图、视频外，还整合了学生的已有知识与经验等内部资源。例如，在听前热身环节，教师基于学生在第七模块中所讨论的"dogs"这一已知话题和"Chant"，让学生观看第一板块"Look, listen and say"的视频，回答问题"Is the dog feeling happy? Does the boy help the dog?"。在这个"Watch and answer"活动中，学生不仅需要观察图片中狗狗表情的变化（见图6-7），还需要关注小男孩帮助小狗梳理毛发的细节信息。为了检测学生是否观察到图片中的相关信息，教师继续追问学生："What does the boy do for the dog? He brushes its fur. And how does the dog feel? The dog opens his mouth and puts out its tongue. It seems that the dog feels happy."。

在听前预测环节，教师呈现第二板块"Listen, read and act out"中的对话配图，并引导学生观察图片（见图6-7），谈论玲玲的心情。在这一预测活动中，学生通过观察配图中的信息，说出有关玲玲心情的不同词汇，比如伤心、难过、开心、惊讶、害怕等。在此基础上，让学生观看对话视频，进而检查预测的情况。具体的师生互动情况如下：

T：Today，we are going to read a story about our old friend，Lingling. Look at the picture，how does Lingling feel？

Ss：She feels sad.

T：What else？

Ss：Bored，unhappy.

T：Maybe，Lingling is sad，bored or unhappy. Ok，everyone. Look at this picture，how does Lingling feel？

Ss：Happy，scared.

T：Scared？Any else？

Ss：Surprised.

T：Maybe，Lingling is happy. Lingling is scared. Lingling is surprised. Who is right？Now，let's watch the video and find out Lingling's feelings.

图 6-7 课文对话配图

在听后环节，在开展"集体朗读对话""分角色表演小故事""复述故事""两人对话"一些系列活动之后，教师引导学生观看视频，讨论如何管理情绪。其中，这段视频内容展现了一位成年人与不同小朋友之间的对话，主题是情绪管理，特别是如何应对愤怒。在对话中，成年人询问小朋友是否曾经感到愤怒，并探讨引起愤怒的常见原因，如因为妹妹不分享东西而感到不满。小朋友表达了想要得到他们想要的东西的愿望，并提到了"想要鱼和熊掌兼得"的道理。随后，成年人向小朋友询问在非常愤怒时如何让自己平静下来的建议。小朋友分享了一些方法，比如自我控制，避免冲突，或者离开现场。此外，小朋友还提到，可以通过从一数到这种数数的方法，让自己冷静下来。在"Manage our feelings"活动中，授课教师充分利用视频中如何应对愤怒的建议，让学生说出更多的情绪处理策略，最后提出"We should manage（管理）our feelings."的观点。因此，在此活动中，授课教师整合运用了视频资源和学生已有生活经验，实现了英语课程人文性与工具性的双重功能。

（2）听的过程中的教学资源效益。在听的过程中，授课教师整合使用了多媒体、对话音视频、对话文本、黑板等多种教学资源，目的是训练学生听取细节信息的能力以及帮助学生建立对话信息间的关联，形成新的知识结构。具体而言，在观看视频之后，教师引导学生说出玲玲情绪变化的原因及相关细节，并板书相关内容，最后形成结构化知识。具体的师生互动情况如下：

T：OK, how does Lingling feel on the first day? Is Lingling feeling sad?

Ss：Yes.

T：Is Lingling feeling angry?

Ss：No.

T：So, Lingling feels sad on the first day.（板书）

T：How does Lingling feel the next day?

Ss：Happy.

T：Yes, she feels happy the next day.（板书）

T：On the first day, Lingling feels sad. But the next day, she feels happy. How happened? Now let's listen and again, and find out what happened.（板书问号）

（After listening）

T：Now, take out your books and underline the answers.

T：Well, why is Lingling sad on the first day?

Ss：Grandma is ill in hospital.

T：Good, grandma is ill in hospital. Well, Where is Lingling now? Lingling is in the UK, but her grandma is in China. Her grandma is in hospital. How does Lingling know that?

Ss：Her mom told her.

（3）说的过程中的教学资源效益。在听后环节，教师设计了多个口语练习活动。在此过程中，教师充分整合了多媒体课件、电子白板、时间与学生同伴资源。本节课共35分钟，从本节课不同阶段的时间占比出发，听前环节 6 分 15 秒, 占比 17.7%; 听中环节 6 分 30 秒, 占比 18%; 听后环节 22 分 15 秒, 占比 64.3%。同时, 在每个口头活动开展的过程中, 教师还利用电子白板呈现准备时间。比如, 在复述环节, 教师给学生 1 分钟的时间准备。由此可见, 在本节课中, 授课教师充分利用时间资源培养学生的口语表达能力。除时间资源外, 在本节课中, 教师也充分利用学生同伴资源, 让学生以两人一个小组进行角色扮演、复述故事以及对话练习等口语活动, 这样促使口语学习机会的最大化, 进而几乎所有学生都有机会讲述对话中 Lingling 的情绪变化与背后原因, 也能运用所学语言询问他人的情绪及做出正确的回应。当然, 在口语活动开展过程中, 学生还使用到了其内部情感资源及其他相关素材性资源。例如, 在角色扮演活动中, 大部分学生能模仿玲玲及奶奶的声音、语气与动作。与此同时, 学生们借助教室中的凳子、桌子等可以用于表演的物品, 投入情感进行表演, 不仅让语言表达更真实, 还使整个表演因这些物品而更加生动有趣。

本章节结合具体案例探讨了小学英语听说课堂教学资源的优化整合实践过程。本章节通过分析《2022 版义教课标》对听说技能的要求, 强调了听力理解与口语表达技能的融合重要性, 并详细解读了教材中对话内容、听说活动的设计及其对学生能力培养的影响。在开展听说教学时, 教师要深入挖掘教材内外的听说教学资源, 包括音频、视频、插图等。此外, 本章节还通过具体教学案例分析, 呈现出教学资源优化配置的结构、特点与效益, 同时彰显出整合多种资源对于提升学生听说技能的重要意义。

7 小学英语阅读课堂教学
资源优化整合的实践研究

7.1 课标中阅读技能内容要求的解读

课标清晰地规定了课程内容和目标，为教师选择和使用教学资源提供了依据。在阅读教学过程中，教师若要深入理解课标对阅读技能所提出的具体内容，就需要更准确地制定教学目标，同时筛选与选用合适的教学资源从而有效地达成这些目标。具体而言，《2011 版义教课标》在语言技能部分明确列出了阅读技能的要求，而《2022 版义教课标》则将听、读、看等理解性技能整合在一起进行了阐述。在实际教学操作中，阅读课是常见的课型。因此，教师有必要参考《2011 版义教课标》，从《2022 版义教课标》理解性技能中提炼出阅读技能的具体内容和要求。这样做有助于教师更有针对性地选择教学资源，进而更有效地培养学生的阅读技能。

《2011 版义教课标》主要聚焦在低水平阅读层面，比如读懂、认读、读出、朗读，而《2022 版义教课标》则更聚焦在更高水平阅读层面，比如推测、提取、梳理、理解、归纳、猜测等思维品质的培养。同时，从这些阅读行为动词也可以看出，《2022 版义教课标》要求培养学生多样化的阅读策略，如寻读（scanning）、略读（skimming）、跳读（skipping）、推断（inferring）、猜词（word–guessing）等。阅读技能内容一、二级要求见表7-1。

表 7-1 阅读技能内容一、二级要求

级别	内容要求（2011 版）	内容要求（2022 版）
一级	·能看图识词； ·能在指认物体的前提下认读所学词语； ·能在图片的帮助下读懂简单的小故事	·根据图片和标题，推测语篇的主题、语境和主要信息； ·在读的过程中有目的地提取、梳理所需信息； ·推断多模态语篇中画面、图像、色彩等传递的意义； ·课外阅读量累计达到 1 500～2 000 个单词
二级	·能认读所学词语； ·能根据拼读的规律，读出简单的单词； ·能读懂教材中简短的要求或指令； ·能借助图片读懂简单的故事或小短文，并养成按意群阅读的习惯； ·能正确朗读所学故事或短文	·借助图片、图像等，理解常见主题的语篇，提取、梳理、归纳主要信息； ·在读的过程中，根据上下文线索和非文字信息猜测语篇中词汇的意思，推测未知信息； ·归纳故事类语篇中主要情节的发生、发展与结局； ·对语篇中的信息进行分类； ·比较语篇中人物、事物或观点间的相似性和差异性，尝试从不同视角观察、认识世界； ·概括语篇的主要内容，体会主要信息之间的关联； ·理解多模态语篇传递的意义，提取关键信息； ·课外阅读量累计达到 4 000～5 000 个单词； ·阅读有配图的简单章节书，理解大意，对所读内容进行简单的口头概括与描述

　　从内容要求的表述方式上看，其结构与 ABCD 的目标框架呈现出高度的一致性，包括行为主体（Audience）——学生、行为（Behavior）——阅读行为、条件（Condition）——阅读行为完成的前提条件，以及程度（Degree）。实质上，条件就是行为达成的资源支持。例如，在一级要求中，图片和标题是学生推测语篇主题、语境和主要信息的资源条件；在二级要求中，图片、图像、上下文线索及非文字信息是学生猜测词汇意义及推测未知信息的资源。这些条件既包括学生内部资源（阅读兴趣与动机、文化背景知识、语篇知识或词汇知识等），也包括学生外部资源（学生同伴资源、教师资源、非生命载体素材性资源以及无形条件性资源或有形条件性资源）。例如，提取、梳理与归纳主要信息可能离不开同伴讨论与小组合作（同伴资源）和可视化思维工具的辅助（有形条件性资源）；课外阅读

量离不开适合学生阅读水平的阅读材料（非生命载体素材性资源）；推断多模态语篇中的画面、图像、声音、色彩等传达的意义离不开多媒体课件或电子白板的使用；比较语篇中人物、事物或观点间的相似性和差异性，既可以使用 Venn 图来可视化相似性和差异性，也可以提供补充文本或视频和电影（素材性非生命载体资源），以此帮助学生比较和理解。

7.2　教材中阅读教学内容的整体解读

7.2.1　阅读材料统计分析

在沪教版小学英语教材中，阅读板块主要为 Enjoy a story，Look and read 及 Read a story。从表 7-2 中发现，在三年级和四年级的教材中，Enjoy a story 占据主导地位，其中三年级上册和下册均包含 4 个故事，而四年级上册和下册则分别增加至 5 个和 8 个故事，Look and read 板块在这两个年级中共出现了 5 次。在五年级和六年级的教材中，Read a story 和 Look and read 是主要的阅读材料来源，且 Read a story 的篇目总量略多于 Look and read，仅在五年级上册存在些许差异。从整体趋势来看，阅读篇目数量随着年级的提高而增加，三年级的阅读篇目最少，仅有 4 篇，而五年级下册和六年级下册的阅读篇目最多，每册达到 12 篇，平均每单元 1 篇。由此可见，不同学段的阅读材料在数量上存在不平衡的状况。这是教材的不足之处。但同时为了给教师提供更多的自主空间，使其能够依据学生的具体情况和兴趣来补充相关阅读材料。教师可以围绕单元主题选择适合的补充阅读材料，如丽声北极星绘本故事、牛津阅读树（Oxford Reading Tree）、海尼曼（Heinemann）、RAZ-Kids 等。这些都是国际上广泛认可的英语分级阅读材料，它们提供了丰富的阅读资源和活动，有助于提高学生的英语阅读水平和文化素养。

表 7-2　沪教版小学英语教材各学段阅读板块篇目数量统计

板块名称	三年级上册	三年级下册	四年级上册	四年级下册	五年级上册	五年级下册	六年级上册	六年级下册
Enjoy a story	4	4	5	8	0	0	0	0
Look and read	0	1	1	3	1	5	6	4

表7-2(续)

板块名称	三年级上册	三年级下册	四年级上册	四年级下册	五年级上册	五年级下册	六年级上册	六年级下册
Read a story	0	0	0	0	7	7	5	8
合计	4	5	6	11	8	12	11	12

沪教版小学英语教材的阅读材料均为配图故事。这些故事覆盖了从中国传统故事如"孔融让梨"到国外经典寓言如"狮子与老鼠"的广泛内容，体现了教材在选材上的多样性和文化包容性（见表7-3）。具体而言，三年级和四年级的阅读材料倾向于使用中西方的经典故事，如"乌鸦喝水""小蝌蚪找妈妈""狼来了""瞎子摸象"等中国传统故事，以及"狮子与老鼠""动物学校""丑小鸭"等国外寓言故事。这样的选材不仅丰富了学生的阅读体验，也有助于传承文化和增进学生的跨文化理解。五年级和六年级的阅读材料则同时包含了一些现代故事和经典故事，如"皇帝的新装""爱丽丝梦游仙境""风和太阳""鲁班造锯"。这些故事在保持经典的同时，也引入了一些新的元素，有助于激发学生的想象力和创造力。总体来说，沪教版小学英语教材通过精心设计的配图故事，不仅有助于提升学生的英语阅读能力，也有利于拓宽他们的文化视野。在教学过程中，教师可以根据实际情况，灵活地运用并补充教学资源，从而达到更好的教学效果。

表 7-3 沪教版小学英语教材各学段阅读篇目统计

学段	故事题目
三年级上册	The wolf and the sheep, Are you my mum? Kong Rong and the pears, A big fish.
三年级下册	Gu Doing is coming, The old man and the monkeys, Ben and Bob, Three little pigs.
四年级上册	A thirty bird, the lion and the mouse, Animal school, Panda's glasses shop, Where is my fish? Wangfujing Street in Beijing.
四年级下册	The blind men and the elephant, The fox and the grapes, Henry's new friend, Magic music, Min and mog, Tom's Saturday, An email from Amy, Two seeds, The ugly duckling.
五年级上册	Froggy's new job, Ms Guo's journey to work, Where is grandma, Oliver feels bored, Alice in Wonderland, The sound of the wind, The journey of little water drop, Yaz-the meat and the fire.

表7-3(续)

学段	故事题目
五年级下册	A magic stone, Why do wild geese change homes? Now and future, Book week, Tomorrow, Welcome to Sanya! School open day, The emperor's new clothes, A toothless tiger, A flying machine, The story of Nian, The giant's garden.
六年级上册	Little Justin, A noisy neighbor, Joy and Elsa, While Snow, At the science museum, great cities, The bird and the tree
六年级下册	The happy farmer and his wife, School of the future, Little Leo's lessons, Lu Ban and the saw, Swimming lessons, The bee and ant, The path and stones, the jouney of a plastic bottle, The wind and the sun, Rudolf's big red nose, The five peas.

7.2.2 阅读活动统计分析

在通常情况下,教材编写者往往会在阅读材料之后,设计与阅读相关的活动以及阅读后的应用拓展活动。不同学段阅读板块中主要阅读活动统计见表7-4。

表7-4 不同学段阅读板块中主要阅读活动统计

学段	阅读中活动类型		频次/次
	阅读理解活动	阅读后活动	
三年级上册			0
三年级下册			0
四年级上册			0
四年级下册	· Read and match (1)		1
五年级上册	· Write T or F (1) · Complete the map (1) · Put the sentences in order (2) · Answer the questions (1)	· What happens next? Match and Say (1) · What happens next? Look at the pictures and put the sentences in order (1) · What happens next? Look at the pictures and complete the story (1)	8

表7-4(续)

学段	阅读中活动类型		频次/次
	阅读理解活动	阅读后活动	
五年级下册	· Answer the questions (3) · Complete the notes (2) · Complete the sentences (1) · Put the sentences in order (1)	· Give a report (1) · Complete the notes (1) · Complete the sentences and act out the story/give a report (2) · Act out the story (1)	12
六年级上册	· Think and tick (1) · Answer the questions (2) · Complete the postcards/card (2) · Complete the poster/story (2) · Complete the answer (1)	· Talk with your classmates (1) · What happens next? See the film and find out (1) · Ask and answer and then make a card (1)	11
六年级下册	· Complete the summary of the story (1) · Answer the questions (2) · Who said these? Think and write (1) · Complete the journey of the plastic bottle (1) · Write T or F (1)	· Talk with your classmates (2) · Complete the sentences and act out the story (2) · Think and act (1)	11
总计	27	16	43

　　表 7-4 中的数据显示，在三年级至六年级的阅读板块中，阅读理解活动和阅读后活动共计 43 个，其中阅读理解活动 27 个，占比 62.79%，阅读后活动 16 个，占比 37.21%。从五年级上学期开始，阅读理解活动和阅读后活动的数量和类型开始增加，这意味着教学内容和活动设计，会随着学生年级的升高而逐渐深化和扩展。其具体情况包括以下几个方面：一是阅读理解活动难度的逐渐增加。随着年级的上升，阅读理解活动从简单的信息提取（如判断正误、句子排序、回答问题）逐渐过渡到更高级的思维活动。这反映了学生在语言处理和理解能力上的逐步提升。二是故事内化活动的多样化。故事续说、做报告、表演等阅读后活动强调学生对配图故事

的理解和应用。这些活动不仅考查学生对故事文本的理解程度，还要求他们将所学知识运用于实际情境中，从而提高他们的语言运用能力和思维能力。三是教学重点的转移。三年级和四年级的阅读活动数量相对较少，教材侧重培养学生的基础阅读技能和兴趣。而从五年级开始，随着学生认知能力的提高，教学活动开始更加注重培养学生的分析、综合和评价能力，以及他们的交际和表达能力。基于上述分析结果，教师应设计由浅入深的阅读理解活动，以此提升学生的语言处理和理解能力。

7.3　教材阅读教学资源的功能与价值挖掘

在小学英语教材中，阅读教学资源主要涉及配图故事、阅读活动、视频及音频等。从阅读教学意图的角度出发，教师需要深入挖掘这些资源的功能与价值，从而更具针对性地开展阅读教学工作。

配图故事在实现课标所规定的语言技能内容要求方面发挥着重要作用。这些技能既包括理解性技能，也包括表达性技能。配图故事通过视觉辅助，能够有效培养学生的理解性技能，如推断文本主题和主要信息、提取和整理关键信息、依据上下文线索推测词汇含义和未知信息、总结故事情节的发展和结局，以及比较文中人物的相似点和差异。此外，配图故事同样也有助于提升学生的表达性技能，如正确朗读已学故事、讲述或表演简单故事、结合主题图口头创作故事，以及模仿范文撰写连贯的句子。因此，教师结合语篇研读，深入挖掘教材中配图故事的潜在功能，制定出切实可行的阅读教学目标，从而达成课标的相关要求。

阅读活动具有实现教学目标的功能。阅读前活动可以帮助学生积累必要的文化背景知识，从而为阅读奠定基础。而阅读中活动具有帮助学生理解文本内容的价值。如表 7-3 所示，Complete the answer，Complete the postcards/card，Answer the questions，Write T or F 等可以帮助学生获取与梳理故事中的事实性信息，帮助学生构建对故事发生、发展与结局的理解；Complete the journey of the plastic bottle，Complete the map 等可以帮助学生在零散信息之间建立关联，促进结构化知识的生成。阅读后活动旨在帮助学生巩固和深化其对文本内容的理解。这个阶段的目标涵盖加深对文本内容的反思、将所学知识与个人经验相联系，以及通过自由运用语言来提升语言技能。在这一阶段，活动形式丰富多样，包括填空、故事复述、口头讨论、角色扮演、编写对话、故事续写，还有对文本内容的评论和采访等。

故事视频和音频作为多模态教学工具，可以极大地丰富学生的阅读学习体验，具有既有激发学生兴趣又能提供学习内容的双重功能。它们可以通过视觉和听觉的双重刺激，提高学生对故事的兴趣和参与度，同时增强学生对故事内容的理解力。视频通过图像和动作辅助学生构建情境，而音频则通过声音的变化帮助学生理解情感和语气，两者都有助于学生更为深入地领会故事内容。此外，它们不仅能够促进学生的语言技能提升，提供准确的发音和语调示范，满足不同学习风格学生的需求，还能激发学生的想象力和创造力。

下面以外研版英语三年级上册"Unit 3 it's a colorful world!"Speed up板块中的 Magical colors 配图故事为例，借助语篇研读（见表7-5），讨论如何挖掘教材阅读教学资源的功能与价值。

表7-5　外研版英语三年级上册第三单元 Magical colors 语篇研读

What	这个配图故事讲述了一群卡通人物一起玩耍的故事。他们分别代表不同的颜色。故事开始，红色、黄色和蓝色卡通人物分别居住在与他们颜色相呼应的蘑菇屋、阳光屋和海洋屋中。一天，黄色、蓝色、黄色卡通人物走出各自的家门，相互打招呼，黄蓝卡通人物并相约一起前往一个蹦床公园。在蹦床上，黄色和蓝色卡通人物一起跳跃，他们的身体在接触的瞬间，就像施展了魔法，接触的颜色混合成了绿色。不久，更多的卡通人物被这欢乐的氛围所吸引，纷纷加入这场色彩斑斓的蹦床派对。随着越来越多的卡通人物加入，蹦床公园变成了一个色彩的熔炉，每一次的跳跃和接触都激发出新的颜色组合，比如黑色、紫色、橙色。故事最后，红色、黄色、蓝色、紫色、黑色、绿色、橙色七种不同颜色的卡通人物齐聚在一起，共同开心地玩耍
Why	这个故事不仅展示了颜色的混合和变化，还通过卡通人物的互动，向我们传达了友谊和合作的重要性。他们从各自的家中出发，最终在蹦床公园中相聚，共同创造了一个多彩而奇妙的世界。这是一个既教育又娱乐的故事，旨在以一种轻松愉快的方式，激发孩子们对颜色世界的兴趣和探索

表7-5(续)

How	本语篇是一个绘本故事,通过起因、发展、高潮和结局的顺序,辅以七幅插图,向读者展现了一个名为 Magical Colors 的故事。在故事的起始部分,红、黄、蓝三色的卡通人物从各自的住所中走出,并以"I'm..."的形式进行自我介绍。随后,黄色卡通人物使用"Let's play together."提议与蓝色卡通人物一同前往蹦床公园。故事的发展阶段描绘了黄色和蓝色卡通人物在蹦床上的互动,他们的颜色混合产生了绿色,并通过"Haha"表达了他们内心的愉悦,同时通过"What color is it?"和"It's..."的问答形式探讨了颜色混合的结果。高潮部分展示了更多卡通人物的加入,其中蓝色和黄色卡通人物共同认为这是一个有趣的活动,而通过旁白"It's ..."介绍了新生成的黑色、橙色和紫色。故事的结尾呈现了所有不同颜色的卡通人物共同玩耍的场景,配图文字"So many colors!"与故事标题中的"magical"相呼应,强调了色彩的多样性和魔法般的变化。整体而言,该故事通过精心设计的对话和插图,有效地传达了色彩混合的奇妙和乐趣,同时体现了故事的教育价值和艺术美感

本板块包括故事素材、阅读活动及音视频三个教材教学资源。基于教材编写者的意图,活动一"Read and answer"的目的在于让学生找出不同的颜色,进而理解故事的事实性信息;活动二"Read again and write"的目的在于让学生再次阅读文本,并结合配图,找出两三种不同三原色搭配所生成新的颜色,即绿色、紫色、橙色以及黑色,从而培养学生读和看的理解性技能;活动三"Work in groups. Act out the story"的目的在于采用小组合作的形式,借助表演来开展基于语篇的语言表达活动。由此可见,前两个活动属于阅读中活动,而后一个活动则属于阅读后活动。

本语篇配套的音视频资源生动地展现了卡通人物一起跳蹦床的场景。在视频画面中,一群设计独特的红黄蓝卡通人物从各自色彩鲜明的家中走出,他们的表情生动。当他们在蹦床跳跃时,每一次弹跳都伴随着欢快的音效。黄色和蓝色卡通人物相撞时,二者身上的颜色神奇地混合成绿色。这种视觉和听觉的双重享受传达出他们愉悦的心情。随着故事的推进,越来越多的卡通人物加入这场色彩盛宴,每一次跳跃都伴随着新颜色的诞生,最终所有卡通人物在蹦床上汇聚成一幅多彩的画面,共同创造了一个充满魔法和欢乐的世界。整体而言,这是一个色彩斑斓、充满活力的动画短片。在课堂教学过程中,教师播放该视频可以达到以下目的,发挥相应功能:帮助学生体会到故事的趣味性,激发他们的学习兴趣,并引导他们模仿故事中的基础英语表达,如自我介绍的"I'm...",提议的"Let's play together."等;也可以引导他们观察颜色混合的结果;还可以借助音频中的语音与语调,能使学生感受卡通人物愉悦的心情。

综合上述活动目的、音视频以及语篇研读，教师可以设置以下教学目标：在看、听和读的过程中，学生能够获取与梳理不同颜色卡通人物一起跳蹦床的信息，如走出家门、跳蹦床过程中生成的颜色以及他们的感受；在教师的协助下，各小组借助颜色卡片，进行表演故事；以小组讨论的方式，引领学生深入探讨故事标题"Magical colors"所蕴含的意义，从而帮助他们建立对语篇主题意义的认知。通过达成这些教学目标，教师能够有效地利用该语篇，以满足课标所设定的相关语言技能内容要求（第一级），比如"在听、读、看的过程中提取和整理所需信息"以及"推断多模态语篇中的视觉画面、图像、声音、色彩等元素所传达的意义"。

7.4　课堂非教材阅读教学资源的合理开发

在阅读课堂中，活动的顺利开展离不开教学资源的支撑。自《高中英语课程标准（2017 版）》颁布实施以来，学习活动观被广泛应用到中小学英语阅读教学设计之中。下面以学习活动观为框架，讨论如何在阅读教学的不同环节筛选与利用不同的教学资源以实现教学目的。

7.4.1　学习理解类活动中教学资源的选用

学习理解类活动由感知与注意、获取与梳理、概括与整合等基于语篇的学习活动组成，服务于语篇信息的输入阶段。在设计与实施这些活动的过程中，教师需要根据阅读主题，基于活动意图，筛选与使用多种不同的教学资源。在感知与注意阶段，教师可以通过创设主题情境，联系学生的已有知识经验，铺垫必要的语言和文化背景知识，明确要解决的问题，促使学生在已有知识经验与学习主题逐渐建立关联，发现认知差异，形成学习期待。例如，在沪教版四年级（上）第四模块第 10 单元 Around my home，该阅读语篇简要介绍了北京王府井大街。在感知与注意环节，教师可以利用多媒体播放一个短视频，展示王府井大街上熙熙攘攘的人群和车流、传统特色的老字号商店、美食街等。该视频通过动态的图像和色彩鲜明的画面展示真实的场景，让学生感觉仿佛走在王府井大街上，这种身临其境的体验能够激发他们的好奇心，进而促使他们对阅读语篇产生阅读期待。当然，在播放短视频之前，教师可以提问"Have you heard of

Wangfujing Street in Beijing? Where is it located? What do you think you can/ might find on Wangfujing Street?"，然后请学生观看视频，并引导学生围绕视频中的内容展开讨论。通过这种方式，教师既能整合学生的已有知识经验，又能铺垫必要的语言和文化背景知识，进而促使学生在已有知识经验与学习主题之间逐步建立关联。值得注意的是，在讨论王府井的过程中，教师还可以准备相关实物教具，比如北京烤鸭、小吃街摊位、老北京传统手工艺品等图片。借助这些实物教具，教师可以更为直观地向学生讲解王府井大街的文化和语言，增强学生的学习体验，为阅读做好充分准备。

在获取与梳理、概括与整合阶段，学生首先阅读文本，理解课文整体主要内容，从而把握其主旨。接着，在整体阅读理解的基础上，学生在指向文本关键事实性信息的中观问题驱动下，再次阅读课文，获取与梳理信息，在零散的信息之间建立关联，形成基于主题的语篇结构化新知。在此过程中，教师应激发学生的内在认知资源，如预测、推理和归纳等阅读策略，从而促使学生准确提取文本中的关键信息。同时，教师需要运用多种教学工具，如思维导图和信息结构图，以帮助学生构建信息间的关联、归纳和提炼基于主题的结构化新知。

根据儿童认知水平的特点，Silver（2003）提出了 30 种可用于培养儿童早期阅读理解能力的结构图式，其中在故事文本阅读中，可以用于获取与梳理信息的结构图主要包括（图 7-1 至图 7-7）：Story map，Main idea box，Character connection，Time passes，Sequence cricle，Same and difference，Character column 等。这些结构图式具有不同的功能与价值，Story may 可以用于梳理故事的基本元素，比如角色、地点、事件等，帮助学生理解故事的发展脉络；Main idea box 可以用于概括文本的主旨，帮助学生抓住文本的核心思想；Character connection 可以用于分析故事是怎样得以推动发展的；Time passes 可以用于呈现故事中时间的变化，以及随着时间推移，事件是如何发展的；Sequence cricle 可以用于表示事件的先后顺序，帮助学生理解故事发展的过程。Same and difference 可以用于比较文本中的相似点和不同点，以促进学生的批判性思维的发展；Character column 可以用于记录和分析文本中人物的特征、行为和动机。

图 7-1　Story map

图 7-2　Main idea box

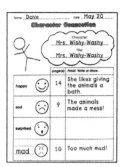

图 7-3　Chracter connection

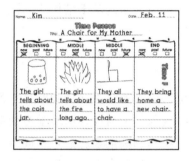

图 7-4　Time passes

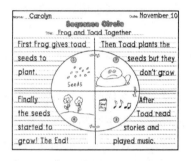

图 7-5　Sequence circle

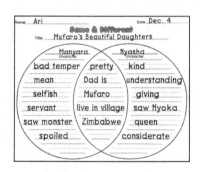

图 7-6　Same and different

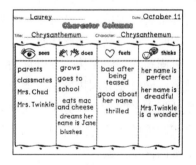

图 7-7　Character columns

　　在制作结构图的过程中，除利用学生资源、鼓励学生同伴之间的合作与交流外，教师还应该提供非生命载体素材性资源，如彩色卡纸和多色记号笔。需要注意的是，当运用这些资源时，教师需要厘清它们之间的关联，区分其重要程度，进而指导学生如何使用这些资源来构建知识结构。例如，教师可以指导学生使用彩色卡纸来区分文本中的不同部分，如背景、事件、人物等，同时使用不同颜色的记号笔来标注关键词语或概念，旨在强化从信息视角出发的识别能力。

7.4.2　应用实践类活动中教学资源的选用

应用实践类活动由描述与阐释、分析与判断、内化与运用等深入语篇的学习活动组成，是基于语篇的初阶输出阶段。从描述与阐释、分析与判断、内化与运用三者之间的关系出发，描述与阐释、分析与判断是内化与运用的手段，而内化与运用则是描述与阐释和分析与判断的目的与结果。描述与阐释是学生基于建构的结构化知识，整合所学语言，以个人自述、同伴互述和班级分享等形式，通过复述、描述、阐释、角色扮演、问答等不同形式，开展基于语篇的语言表达。分析与判断是基于结构化知识，从文体特征、内容结构、语言特点等语篇知识的角度分析文本中没有明确写出来的信息，比如文中人物的情感体验、文中缺失的情节或文章的隐含意义等。

那么，什么样的教学资源可以助力深入语篇的学习活动呢？在学习理解类活动中，学生所构建的结构化知识将成为其参与深入语篇学习活动的重要资源之一，它是学生描述与阐述、分析与判断的逻辑起点。同时，教师根据活动意图选择教学资源。例如，在开展复述活动时，教师可以采用传统黑板、电子白板、多媒体课件、实物教具等多种教学资源，展示文本结构框架和关键信息，帮助学生更好地组织和提取信息；在开展描述与阐释活动时，可以利用多媒体技术呈现图片、核心语言或句式，帮助学生内化与巩固新的知识结构；在开展角色扮演活动时，可以利用多媒体技术创设情境，同时充分利用学生资源，如组建异质化学习小组，通过高水平学生带动低水平学生；在分析与判断文本隐藏的信息和含义时，可以提供与文字相匹配的图片，或者组织学生进行小组讨论，利用同伴间的互动来探讨文本的深层含义。

在上述王府井大街的案例里，当学生理解文本内容后，有一位教师引导学生一边观看课文视频，一边进行跟读，然后展示王府井大街的图片，引导学生运用在学习理解类活动中所学到的核心句式"It's a … street." "There are …" "We can …" 讨论王府井大街是不是一个好去处。在这个活动中，教师主要运用到了学生刚刚构建的新知识经验、视频资源和相关图片资源。

7.4.3　迁移创新类活动中教学资源的选用

迁移创新类活动由推理与论证、批判与评价、想象与创新等超越语篇的学习活动组成，是联结生活的高级输出阶段。在此阶段，教师引导学生针对语篇背后的价值取向与作者的态度进行推理与论证，评价作者或主人公的观点和行为，评价文本内容，评价文本的写作手法，创造性地解决新情境中的问题，理性地表达观点、情感与态度。在推断作者的态度和观点时，推断的依据既可以是词汇的选择，也可以是论述的方式，如例子的选择，以及字里行间透出的"味道"；评价文本内容的依据可以是文中的语言特点；评价文本写作手法的依据可以是文本的体裁特征；解决新情境中的问题要注意将文本内容与学生已有的知识和经验建立紧密的联系，让学生充分感受到学习内容与自己的生活密切相关，进而激发他们的兴趣和愿望，调动已有经验，探究主题意义，自主建构、巩固和迁移结构化新知。由此可见，支持迁移创新类活动顺利开展的教学资源主要包括阅读文本资源、学生已有生活经验与兴趣动机、多媒体技术、教师指导等。

在整个过程中，除利用生命载体资源和非生命载体资源以及有形的条件性资源外，教师还需要重视无形条件性资源，尤其是时间资源的合理配置。为了确保活动的高效性，教师应依据预定目标，为各个教学环节规划合理的时间分配。在活动开展过程中，教师可以采用计时器或倒计时工具对时间使用情况予以跟踪。同时，教师务必确保核心任务得到优先处理，并根据活动的实际进展灵活调整时间分配。此外，教师要鼓励学生参与时间管理，例如，在小组讨论中自主控制时间，这不仅能提升他们的责任感，还能增强他们的时间管理能力。同时，教师还应定期对活动进度加以评估，并在活动结束时预留足够的时间进行总结和反馈，以此促进学生进行反思，助力知识内化。通过这种对时间资源的有效管理，教师可以确保教学活动既有条理又具吸引力，从而维持并提升学生的参与度。

在上述案例的迁移创新阶段，一位教师安排学生花费 10~13 分钟，借助板书中提供的核心词汇和句型，以小组为单位，在海报纸上创作一篇描述自家周边环境的短文。学生们完成写作后，对作品进行修改、练习朗读，并为展示做准备。在展示过程中，教师给予即时评价，同时鼓励其他学生对展示内容进行正面反馈，若发现错误时则予以纠正。在这个活动中，教师巧妙地整合了多种教学资源，以此促进活动的高效开展。板书资源为学生提供了语言学习的框架，而时间资源的合理分配确保了活动的高效进行。海报素材资源不仅激发了学生的创造力，还增强了他们的视觉表达能力。对学生资源的利用，体现在小组合作之中。通过分工合作，学生们能够相互学习、交流思想，进而共同完成任务。教师资源具体体现于教师的指导和评价，教师即时给予的反馈对学生的写作和口语表达能力的提升至关重要。

7.5 小学英语阅读课堂教学资源优化整合的案例分析

本案例选自四川省乐山市五通桥区西坝小学周旋老师的一节小学英语阅读课。

7.5.1 案例背景

本节课选自外研版 NSE 小学英语六年级上第六模块第一单元 "You've got a letter from New York"，话题是书信交友。教材由 "Look，listen and say" "Listen and read" "Listen and say" "Practice" 四个部分组成，主要以对话和书信形式呈现，并配有插图。

"Listen and read" 作为本单元的核心语篇，呈现了 Laura 写给 Sam 和 Amy 的一封信。在该封信中，Laura 详细地介绍了自己的身份背景，比如 "I am Daming's friend and I want to be your friend too. I live in New York，but I am not American. I am from London in the UK."，表达了她对中国的兴趣，介绍了她与 Daming 一起放风筝的经历，还询问是否有关于美国的书，并提议成为笔友等内容，涉及不同国家、兴趣爱好等词汇以及 "Have you got…" "I want to…" 等核心语言结构。

"Look，listen and say" 板块通过 Sam 和 John 关于是否有特定书籍的对话，如 "Have you got a book about China?" "Have you got a book about the US?" 等，自然引出本单元核心句式 "Have you got…"，为后续书信交友中涉及的交流内容做铺垫。"Listen and say" 板块复现了阅读语篇中的关键语句，如 "Daming has got a Chinese dragon kite and we often fly it in the park." "Have you got a book about the US? I can send you one."。"Practise" 板块要求学生运用 "and" 或 "but" 完成句子。这些句子的逻辑关系与前面语篇中的内容紧密相连，涉及拥有某物但无法使用、居住在某地但并非当地人等情境，这有助于学生通过练习运用这些连接词，去表达并列、对比和转折关系。

外研版小学英语教材未设置独立的阅读板块，而是将阅读技能与其他技能整合在一起，尤其是阅读与听力。基于上述整合情况，学生首先需要通过听力来获取文本的基本信息，然后进行细致阅读，深入理解文本的内容结构、语言特点以及作者或主人公的态度与行为等。在本单元中，"Listen and read"这一板块充分体现了这种整合性。学生听 Laura 的信件时，关注信件的大致情节和关键信息，比如 Laura 来自伦敦、与 Daming 放风筝以及想成为笔友等信息。当进入阅读阶段，学生能够更为深入地剖析文本。在内容结构方面，学生可以清晰地梳理出 Laura 先介绍自己身份，提出交友的意愿，再讲述与中国相关的经历，最后提出送书建议的逻辑顺序。在语言特点方面，学生能发现文中大量运用的简单句和一般现在时来描述日常情况，如 "Daming has got a Chinese dragon kite and we often fly it in the park." 这样的句子体现了用一般现在时表达经常发生的动作。对于作者 Laura 的态度，学生通过阅读能感受到她对中国文化的喜爱和对结交新朋友的热情。

从单元的结构入手，书信是本单元的核心语篇，其他板块则是围绕书信语篇开展阅读教学的重要教学资源。"Look, listen and say"板块是一个重要的读前活动素材，而"Practise""Listen and say"板块则是读后活动的重要素材。在本节课中，授课教师设计了以下四个教学目标：

（1）在听、读的活动中，获取与梳理 Laura 书信中的基本信息，比如身份、出生地与居住地、经历分享、交友意愿等；

（2）基于板书，在教师的引导下，复述 Laura 的个人情况、经历分享与交友想法等；

（3）在老师的引导和同伴的交流之下，基于书信的内容，分析与推断 Laura 想要参观中国的原因；

（4）模拟给 Laura 回信，完成信件的内容，比如礼貌问候与自我介绍、居住情况与汉语能力、回答 Laura 关于中国与美国的问题、一同游玩的提议、同意成为笔友及结尾。

7.5.2 阅读教学资源优化配置的结构特点

在本节阅读课中，教室采用的是典型的秧田式布局。走进教室，可见桌椅整齐地摆放着，32 名学生身着统一的黄蓝相间校服，端正地坐在自己的座位上。这种秧田式布局，既保证了每个学生都有相对独立的学习空间，让他们能够专注于自己的学习，又在一定程度上便于学生之间进行交流和互动。教室前方配备了投影设备，屏幕上清晰地展示着课题名称

"Module 6 Unit 1 You've got a letter from New York"，这为本节课提供了清晰的教学主题呈现。投影屏幕右侧的黑板上，教师也预先工整地书写着课题名称。此外，教室内的光线非常适宜，明亮而柔和的光线自窗户倾洒而入，搭配室内的灯光照明，为学生营造出一个舒适的学习环境。总体而言，这样的教室环境，为这堂阅读课的顺利举行提供了有力保障。以下是本节课的具体教学活动及相应教学资源的使用情况（见表7-6）。

表7-6　阅读课教学活动与教学资源

教学目标	教学活动	教学资源
学习理解类活动（19分钟30秒）		
1. 在听、读的活动中，获取与梳理Laura书信中的基本信息，比如身份、出身地与居住地、经历分享、交友意愿等	1. 在教师的引导下学生集体唱以下一首儿歌： Look around, look around. What do you see? Books, books. Are you ready to read? Gather around, gather around. What do you hear? Books, books. Open up your ears. I'll read to you, you-oo. You'll sing to me, me-ee. Books, Books. Everybody find a seat, I'll read to you, you-oo. You'll sing to me me-ee. We'll start in 1 2 3 1 2 3.	·多媒体课件（歌曲视频） ·学生的已有经验 ·教师亲和力
	2. 学生基于图片和已有经验，回答老师的提问，感知新语言，如"Have you got a book about China? Yes, I have. /No, I haven't."、"What book have you got? I have got a book about …"。在此过程中，教师在黑板上板书新句式，并出示单词卡片，教授新词world的发音，并邀请两个小组的每一位学生快速站起来大声朗读这个单词。最后，教师利用多媒体课件呈现不同国家的书，针对上面的新句式开展替换练习活动。	·多媒体课件（图片、文字） ·学生的已有经验 ·词汇卡片 ·教师亲和力 ·黑板
	3. 学生观看"Look, listen and say"板块对话视频，并回答问题"What book has John got?"。在完成问题回答后，教师结合学生已有经验，围绕句型"Have you got a book about Beijing/Chengdu/London/New York/the world?"简单地开展师生问答的机械操练活动。最后，学生打开各自的课本，先跟着音频进行跟读，再集体朗读课文。	·多媒体课件（对话视频、配图与文字） ·学生的已有经验 ·教材对话文本 ·学生已有经验 ·教师亲和力

表7-6(续)

教学目标	教学活动	教学资源
1. 在听、读的活动中,获取与梳理Laura书信中的基本信息,比如身份、出身地与居住地、经历分享、交友意愿等	4. 学生基于"Listen and read"板块中的配图和已有经验,在教师的引导下,谈论Amy和Sam的出生地、居住地及共同的朋友。教师在黑板上贴上Amy和Sam的图片,且根据学生的回答,围绕图片板书Daming's friends、live in China、from the UK(如下图所示)。随后,教师询问学生Ms Smart手中拿找的物品是什么,利用单词卡片呈现词汇letter,同时将其贴在黑板上。最后,教师宣布今天要学习的课文。 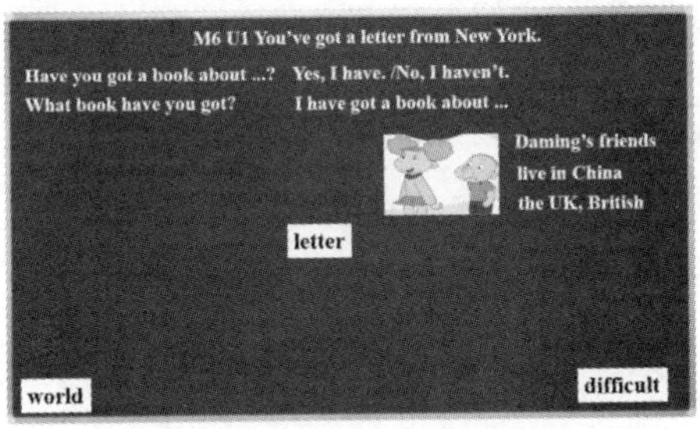 	·多媒体课件(语篇配图、文字) ·黑板(图片、文字) ·教师亲和力
	5. 学生听课文录音,并回答以下问题: ·Who wrote this letter? ·Who did she write the letter to? ·Why did Laura write to Sam and Amy? 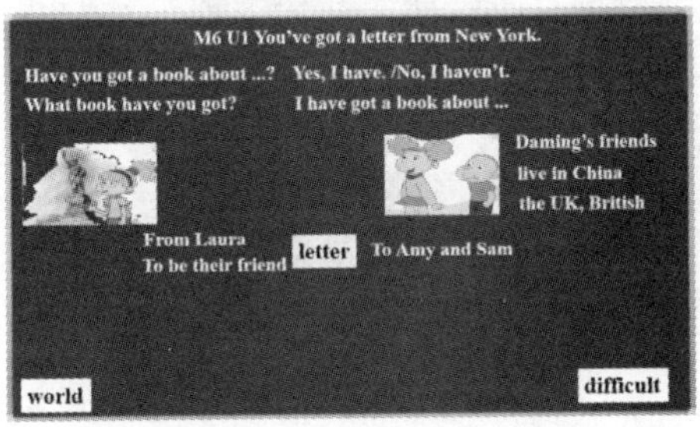 学生回答问题的同时,教师在黑板上贴上Laura的图片,并围绕板书问题答案,如上图所示。	·多媒体课件(文字) ·黑板(图片、文字) ·教师亲和力 ·教材阅读文本

表7-6（续）

教学目标	教学活动	教学资源
1. 在听、读的活动中，获取与梳理 Laura 书信中的基本信息，比如身份、出身地与居住地、经历分享、交友意愿等	6. 学生第一次快速阅读课文，找出 Laura 的个人情况，比如国籍、居住地以及她与大明的关系。学生完成阅读并与同伴讨论后，教师邀请学生说出答案，并同时在多媒体课件和黑板上呈现。 *Find information about Laura.* is — Daming's friend. lives in — New York. is from — London in the UK.	·多媒体课件（配图、文字） ·教材阅读文本 ·黑板（文字） ·同伴交流 ·教师亲和力
	7. 学生第二次快速阅读课文，并回答以下问题： ·What has Daming got? ·What do they often do in the park? ·What does Laura want to send to Amy and Sam? 当教师要求学生回答问题时，他会走到学生旁边提问："Where did you find the answer?"；接着，教师查看学生能否从课文中指出具体的句子。最后，教师在黑板上进行相应的板书，并利用单词卡片教读生词 difficult。 M6 U1 You've got a letter from New York. Have you got a book about ...? Yes, I have. /No, I haven't. What book have you got? I got a book about ... Daming's friend lives in New York is from the UK Daming's friends live in China the UK, British letter send a book a Chinese dragon kite fly in a park world difficult	·多媒体课件（问题） ·教材阅读文本 ·黑板（图片、文字） ·词汇卡片 ·教师亲和力
应用实践类活动（12分钟20秒）		
2. 基于板书，在教师的引导下，复述 Laura 的个人情况、经历分享与交友想法等	8. 学生一边听音频，一边集体跟读课文。在此基础上，在教师的引导下，学生手持各自的教材，集体朗读大声课文。	·多媒体课件（音频） ·教材阅读文本
	9. 在教师的引导下，借助板书，学生集体复述课文。然后，教师邀请了4名分别学生走上讲台，要求其到板书中的其中一幅图及其文字进行复述。如果学生复述遇到困难，教师提供相应的帮助。最后，教师指到板书相关内容，带着全体学生再次集体复述课文。	·板书 ·教师引导

表7-6(续)

教学目标	教学活动	教学资源
3. 在教师引导与同伴交流下,基于书信内容,分析与推断Laura想要参观中国的原因	10. 学生第三次阅读课文,并回答问题: "Why does Laura want to visit China?",在两分钟以内,基于文本内容,学生与同伴一起讨论Laura想要参观中国的原因。最后,根据课文中的相关内容,在教师的引导下,学生说出相关Laura想要到中国旅行的原因,比如 "She's interested in China. She may be very interested in Chinese culture like Chinese dragon."。	·多媒体课件(配图、文字) ·教材阅读文本 ·学生批判思维 ·学生同伴 ·准备时间
迁移创新类活动(8分钟40秒)		
4. 模拟给Laura回信,完成信件内容,比如礼貌问候与自我介绍、居住情况和汉语能力、一同游玩的想法、同意成为笔友及结尾等	11. 学生四人一组,根据以下模版,在四分钟之内,以Amy的身份给Laura写回信。 Dear Laura, _____. I'm Amy. _____ _____ and we can speak a lot of Chinese. We like China very much. China is very big and _____ like the Great Wall and the Summer Palace. I hope you can come to China next year. We can _____. And we can _____ together too. _____, and he can teach you. I have got a book about the US, but _____. Let's be pen friends. Best, Amy	·多媒体课件(任务要求、信封图片、信件模版、评价表) ·学习单 ·学生同伴互动
	12. 在教师的指导下,根据评价表,用两分钟,各小组针对汇报形式进行排练,比如每个小组成员负责朗读的具体内容,以及决定采用何种语气和情感来表达朗读。两个小组向全班汇报后,教师借助评价表,引导其他小组进行评价。比如,Do they have good sentences? Can they read loudly?	·多媒体课件(信件模版、评价表) ·学生同伴互动 ·学习单
家庭作业(30秒)		
	1. Listen and read the text on Page 33. 2. Reply to Laura as if you were Sam.	·教材阅读文本 ·音频 ·练习本

在本节阅读课中,授课教师优化整合了学生内部资源及其外部资源(见图7-7)。其中,内部资源主要包含学生的已有知识与生活经验、情感态度与批判性思维能力等。从外部资源来看,教师使用了大量的非生命载体素材性资源。例如,有机融合了集对话配图与视频、歌曲音频、教材文本等多种资源于一体的多媒体课件以及黑板、单词卡片、学习单、教材等。同时,在整个授课过程中,教师不仅充分展示了自身的亲和力,为学

生营造了一种轻松的学习氛围，还合理整合使用了教室场地、活动时间等多种条件资源。而在应用实践与迁移创新环节，教师还大量使用了学生同伴资源，比如学生同伴间相互讨论问题的答案、小组合作完成写作任务、小组讨论汇报方式等。

表 7-7　阅读课堂教学资源类型

教学步骤	内部资源	外部资源		
		非生命载体	生命载体	条件资源
学习理解类活动	·已有知识经验 ·已有生活经验 ·情感态度 ·批判思维能力	·多媒体课件（7 页） ·歌曲视频 ·图片与对话配图 ·对话视频 ·词汇卡 ·教材对话文本 ·黑板（图片、文字等）	·教师的亲和力 ·教师引导 ·学生同伴交流	·教室 ·多媒体设备 ·准备时间 ·等待时间 ·轻松的学习氛围
应用实践类活动		·多媒体课件（2 页） ·对话配图 ·教材阅读文本 ·黑板（图片、文字等）		
迁移创新类活动		·多媒体课件（3 页） ·信封图片与信件模板 ·评价表 ·学习单		

7.5.3　阅读教学资源优化配置的效益分析

（1）学习理解类活动中教学资源的配置效益。在学习理解类活动中，教师优化整合了学生内部资源（已有经验、情感态度）、多媒体课件（对话配图与视频、歌曲视频）、教材对话文本、黑板（单词卡、图片与文字）、同伴资源（已有经验）、教师资源（亲和力）以及多种条件性资源。上课伊始，教师引导学生齐唱英文儿歌 "Books！Books！"。这首儿歌具有简单、重复且节奏感强的特点，能够有效激发儿童的学习兴趣。唱完这首儿歌后，教师向学生提问："Do you like this song? Have you got any books?"，这样的互动不仅能活跃课堂气氛，还能自然地过渡到本节课的新句式 "Have you got a book about …? What book have you got?"，让学生更顺畅地进入新语言的学习任务环节，为后续教学内容做好铺垫。因此，教师将这首儿歌与教材中的"Look，listen and say"板块有机地整合在一起。

在新语言的感知与理解阶段，教师利用多媒体课件呈现了不同国家的书籍（比如英国、美国、中国、澳大利亚等），利用黑板板书上述重点句式，利用词汇卡片教授 world 一词，利用音频与书本引导学生大声朗读对话，利用学生的已有经验和图片引导学生谈论 Amy 和 Sam 的出生地、居住地和共同的朋友，并利用阅读语篇配图中 Ms Smart 手中的信封宣布本节课的阅读任务。这些教学资源经过有机整合，各自发挥着特定的功能和作用，相互补充并产生协同效应，这不仅激活了学生的已有经验，还为学生积累阅读 Laura 信件所需的语言和文化背景知识做好了铺垫。以下教学片段展示了不同教学资源如何相互补充并产生协同效益。

T：Look at the picture, who are they？（运用多媒体呈现对话配图）

Ss：They are Amy and Sam.

T：Yes, they are Amy and Sam.（将 Amy 与 Sam 的图片张贴在黑板上）

T：I have some questions about them. Please listen carefully. First, have they got any Chinese friends？

Ss：Yes.

T：Are they Daming's friends？

Ss：Yes, they are.

T：Good, they're Daming's friends.（选用多媒体呈现后，在黑板图片旁边板书）

T：Where do they live? Who wants to try？

S：They live in China.

T：Yes, great. They live in China. Are they Chinese？

Ss：No.

T：They live in China, but they they are not Chinese.（运用多媒体呈现后，在黑板图片旁边板书）Where are they from？

Ss：They are from the UK.

T：Yes, they are from the UK. So they are …

Ss：British.（运用多媒体呈现后，在黑板图片旁边板书）

T：Now, look at this woman. Who is she？（使用 PPT 遥控器指到 Ms Smart）

Ss：（学生没反应）

T：Who is she?（走到屏幕旁，用手指到 Ms Smart）

Ss：She is Ms Smart.

T：What's in her hand?

Ss：Letter.

T：It's a letter. Letter, letter.（运用多媒体呈现信封与词汇后，出示卡片，教读）

Ss：Letter, letter.

T：So today we are going to learn Module 6, Unit 1. Now let's read the title together.（指到黑板顶部的课题名称）

阅读前的活动见图7-8。

What do you know about Amy and Sam? They _____

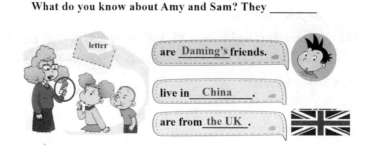

are Daming's friends.

live in China.

are from the UK.

图7-8　阅读前活动

在这一教学片段中，教师有效整合了多媒体课件、黑板、卡片、学生已有经验以及自身资源。例如，在借助多媒体课件展示内容后，在黑板上迅速板书，或者展示词汇卡片并领读，由此激发了学生的文化背景知识，同时也为后续的阅读学习奠定了基础。其中，学生的已有经验主要体现为他们对教材中的英国学生 Sam 与 Amy 以及中国学生 Daming 和 Lingling 熟悉程度；而教师自身资源则主要表现为其肢体语言。当学生起初未能正确回答 "Who is this woman?" 这一问题时，教师主动走到屏幕旁，用手指向 Ms Smart 引导学生回答。

在获取与梳理、概括与整合环节，教师主要使用多媒体课件呈现了相关事实性问题、文本材料、语篇音频与配图，让学生获取与梳理相关事实性信息，比如 Laura 的身份、出生地与居住地、经历分享、交友意愿等。同时，教师还灵活利用板书，帮助学生形成新的知识结构。因此，不同教学资源的优化整合成功实现了本节课的第一个教学目标。

（2）应用实践类活动中教学资源的配置效益。在教学资源优化整合过程中要分清主次，次要资源只能衬托、延伸教学内容的作用，要服从于主要资源。在应用实践类活动中，主要资源包括板书、教材文本、教师引导与学生同伴交流以及学生自身的批判性思维能力，次要资源则是多媒体课件。具体而言，板书在这一环节中发挥了关键的支撑作用。它以直观的图形和简洁的文字呈现了 Laura 的关键信息以及课文的脉络结构，如同知识内化的支架，帮助学生在复述时能够迅速定位要点，梳理思路，使复杂的信息变得条理清晰，极大地降低了学生的认知负荷，有效地促进了学生对知识的内化与表达。在教师引导学生跟读与朗读课文时，音频资源为学生提供了标准的语音示范，可以帮助学生纠正发音、培养语感，增强了学生在语言学习过程中的听觉体验。

教材阅读文本不仅是学生朗读课文的重要素材，而且是学生获取信息的重要来源。在分析与推断 Laura 想要参观中国的目的时，在教师引导与同伴交流的过程中，学生需要运用批判性思维能力对文本信息进行综合考量、推理判断，突破文本表层的局限性，形成自己的见解。而多媒体课件（音频和配图、文字）作为次要资源，起到了有效的辅助作用。配图借助文字信息这种形象化的方式呈现课文内容，吸引学生的注意力，激发学生的学习兴趣。它在一定程度上助力学生理解抽象的文本信息，丰富了教学的呈现形式，使教学过程更加生动有趣。同时，配图始终服务于教材文本，二者共同推动应用实践类活动顺利开展。如以下教学片段所示：

T：Laura writes a letter to Sam and Amy. In her letter, she tells us she wants to visit China next year. Well, my class, why does Laura want to visit China next year? Now, please read the text again and discuss with your partner. You will have two minutes.

Ss：（学生阅读课文，同伴讨论，教师巡视并提供必要的帮助）

T：Well, time is up. Who wants to share your opinion with us?

S1：Laura likes China.

T：How do you know?

S1：In the text, Laura asks Amy and Sam, "Do you like China?". So I think she likes China.

T：Maybe, she likes China. Everyone, do you agree?

S2：I think she is interested in China.

T：Good job. Laura asks Amy and Sam if they like China. It shows her interest. So she's interested in China. （板书 interested in China）

T：My class. You've done a very good job. But, what is Laura interested in about China? （运用多媒体课件呈现问题）

S3：Maybe, she's interested in Chinese dragon.

T：Good try. Now, let's read the sentence together. （指到多媒体课件中高亮的这句话）

Ss：Daming has got a Chinese dragon kite and we often fly it in the park.

T：Daming has a Chinese dragon kite and they often fly it in the park. I think this makes Laura interested China. And Chinese dragon is one of the Chinese … （停顿）

S4：Chinese culture.

T：Great. Chinese dragon is one of the Chinese culture. So, we can also say, Laura wants to visit China because she wants to experience more Chinese culture. （运用多媒体课件呈现）

阅读中的活动见图 7-9。

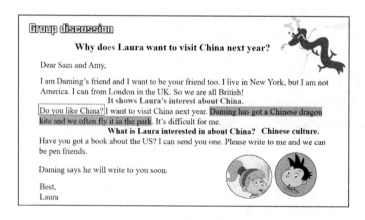

图 7-9　阅读中活动

在该教学片段中，教师对教学资源进行了巧妙且有效的优化整合。

首先，教材阅读文本在此活动中具有不可替代的价值与功能。从信息获取层面，它是学生获取信息的重要来源。文中关于 Laura 与 Sam、Amy 的交流内容，为学生分析 Laura 想来中国的原因提供了原始素材，是推理判断的重要依据。在思维发展方面，学生需仔细研读文本细节，如 Laura

的语句表述等，以此突破文本表面的简单描述，挖掘背后的潜在逻辑，形成自己对 Laura 参观中国原因的深刻见解，进而锻炼其批判性思维能力。

其次，教师的引导作用贯穿始终。教师通过提出诸如"Why does Laura ask Amy and Sam if they like China? Do you think Laura likes Chinese dragon kite? What does this sentence tell us?"等问题，引导学生关注文本关键信息，启发学生从不同角度思考 Laura 想来中国的原因，避免学生在分析问题时无从下手或偏离方向或凭空想象。

再次，多媒体课件也具有重要的功能与作用。在多媒体课件中呈现关于中国龙风筝等相关图片及文字解释，能将抽象的文本描述具象化，帮助学生更轻松地理解文本含义，降低理解难度，同时吸引学生的注意力，激发学生的学习兴趣。同时，借助多媒体课件通过呈现问题，如"What is Laura interested in about China?"等，聚焦教学重点，促使学生围绕关键问题进行思考和讨论，确保教学活动紧密围绕教学目标推进，助力教师完成教学任务。

最后，教师合理安排讨论时间，有序组织学生进行同伴交流。在教学节奏方面，教师为学生的讨论设定时间限制，如"You will have two minutes"，确保讨论高效有序进行，既给予学生足够的思考和交流时间，又避免时间过长导致课堂拖沓，保证教学活动按计划顺利推进，使整个教学过程紧凑且富有成效。而在与同伴交流的过程中，学生能够听到不同的观点和见解，延展思维的广度。例如，有的学生可能仅从 Laura 询问"Do you like China?"得出她喜欢中国的简单结论，而同伴可能会进一步思考到这背后体现出的兴趣点，如对中国文化的兴趣，从而相互补充和完善对原因的分析。

综上所述，教师通过对教材文本、自身引导、多媒体课件、学生同伴交流及时间等教学资源的优化整合，充分调动了学生的积极性，使学生深入探讨了 Laura 想要参观中国的原因，提升了学生的思维和合作等多方面的能力，进而促进了教学目标三的有效实现。

（3）迁移创新类活动中教学资源的配置效益。在迁移创新类活动中，教师遵循优势互补原则，适当、适时、适度将多媒体课件、半成品信件、时间、学生同伴和评价表等教学资源整合起来，使其相互作用、发挥协同作用，共同支持学生完成回信任务。一是借助多媒体课件创设了给 Laura 回信的写作任务情境；二是学生以小组为单位，利用四分钟时间共同完成半成品信件；三是以评价表为标尺，各小组利用两分钟时间，对作品汇报的方式进行排练；四是借助评价表，教师引导全体学生，开展写作评价活动。在这个教学过程中，多媒体课件可以直观呈现回信的情景，半成品信件为学生提供了结构框架，合理分配的时间可以帮助学生把握写作节奏，学生同伴互动可以促进交流的完善，评价表可以提供写作评价标准，帮助学生发现自身的优势与不足。各类教学资源充分发挥自身优势，并有机地整合，共同助力写作活动顺利开展，最终推动教学目标四得以有效达成。

8 小学英语写作课堂教学
资源优化整合的实践研究

8.1 课标中写作技能内容要求的解读

《2011 版义教课标》在分级标准的语言技能部分明确列出了写作技能的具体标准描述，而《2022 版义教课标》则将听、写两项表达性技能整合在一起进行介绍。这意味着，教师不仅要设计说与写具体技能的训练活动，还要设计说与写相结合的训练活动，以说促写。然而，为了更深入地把握写作技能的内容要求，教师有必要参照《2011 版义教课标》中的写作技能要求，对《2022 版义教课标》中的表达性技能内容要求展开分析。只有这样，教师才能更准确地制定出写作教学目标，并筛选和选用合适的教学资源，有效促进这些目标的达成。

对比《2011 版义教课标》和《2022 版义教课标》中写作技能的一级和二级内容要求，我们能明显发现两个版本对学生写作能力的要求有显著差异。在一级要求方面，《2011 版义教课标》着重培养学生正确书写字母和单词，以及模仿范例书写词句的能力。而《2022 版义教课标》在此基础上进一步细化与深化，不仅要求正确书写字母、单词和句子，还特别强调学生要依据图片或语境仿书写简单句子，这充分体现了对学生理解和应用能力的更高要求。

在二级要求方面，差异表现得更为显著。《2011 版义教课标》要求学生正确使用大小写字母和常用标点符号，能够写出简单问候语、祝福语，并且能够依据图片中的词语或例句写出简短语句。《2022 版义教课标》则更注重学生的创造性表达与综合运用能力，要求学生围绕图片内容写出几句意思连贯的描述；模仿范文的结构和内容写出连贯的语句，并尝试运用描述性词语增添细节，使内容丰富且生动。此外，《2022 版义教课标》还明确要求学生正确使用大小写字母和标点符号，保证单词拼写基本正确，同时鼓励学生根据需求，运用图表、海报、自制绘本等方式创造性地表达意义。这些变化表明，课标对学生写作能力提出了更高要求，不仅要求学生掌握基本写作技能，还要求学生在理解和分析的基础上，实现创造性表达与综合运用。

对两个版本写作技能一级与二级内容要求的逻辑关系进行对比，可发现二者呈现出一种从基础到进阶、从简单到复杂的递进关系。根据一级要求，学生要能够正确书写字母、单词以及句子，这是写作学习的必不可少的起点，为写作奠定基础。随着学习的深入，根据二级要求，学生不仅要掌握大小写字母和标点符号的正确运用，还要围绕特定主题写出连贯描述，甚至模仿范文结构进行创作，尝试运用描述性词语增添细节，丰富写作内容。这种从简单模仿到自主创作、从单一书写过渡到综合运用多种表达方式的转变，充分体现了学生写作能力随着年级升高而逐步提升的自然过程。

从教学资源角度审视《2011 版义教课标》和《2022 版义教课标》里的写作技能一级和二级内容的要求，教学资源在支持学生完成写作任务方面起着至关重要的作用。《2022 版义教课标》尤为强调在写作教学中引入多样化教学资源的重要性。例如，一级内容要求学生根据图片或语境仿写句子，这就需要教师准备合适的图片和情境设置。同时，无论是哪一版课程标准，都凸显了模仿范例的重要性，这意味着高质量的写作范例不可或缺。这些资源不仅为学生提供了学习正确句子结构和表达方式的模板，还激发了他们的创作灵感，为构建扎实的写作基础提供了有力支持。《2022 版义教课标》还特别提及运用图表、海报、自制绘本等多样化方式创造性地表达意义。这要求教学资源中必须涵盖相关制作工具和材料，如绘图软件、彩色笔、纸张等，以支持学生进行写作表达。为了有效地提升学生的写作能力，教师需要充分利用各种教学资源，为学生提供丰富多样的学习材料和指导，以促进学生写作技能的不断提升。

表 8-1 写作技能内容一、二级要求

级别	内容要求（2011 版）	内容要求（2022 版）
一级	·能正确书写字母和单词； ·能模仿范例写词句	·正确书写字母、单词和句子； ·根据图片或语境，仿写简单的句子
二级	·能正确使用大小写字母和常用的标点符号； ·能写出简单的问候语和祝福语； ·能根据图片、词语或例句，写出简短的语句	·围绕图片内容，写出几句意思连贯的描述； ·模仿范文的结构和内容写出几句连贯的话，并尝试使用描述性词语添加细节，使内容丰富、生动； ·正确使用大小写字母和标点符号，单词拼写基本正确； ·根据需要，运用图表、海报、自制绘本等方式创造性地表达意义

8.2 教材中写作教学内容的整体解读

在现行的小学英语教材中，不同版本在写作教学内容的呈现方式上展现出显著差异，各有其优势或潜在不足。整体而言，多数版本没有设置单独的写作教学板块，而是将其融合在其他板块之中。以沪教版小学英语教材（三年级起）为例，教材编写者设计了一系列写作活动，这些活动分布在语音、阅读、复习和学习项目等不同教学板块中。从表 8-2 发现，这些写作活动呈现出几个显著特点：

表 8-2 沪教版小学英语（三年级起）教材写作活动

三年级上册	Learn the letters, read and trace.
三年级下册	Think and write, write and say, draw and write.
四年级上册	Draw and write and say, draw and write about a classmate, think and write, color and write, write and say, write a shopping list.
四年级下册	Draw and write, read and write, think and write, write and say.
五年级上册	Think and write, read and write, write and say, draw and write.
五年级下册	Think and write, write and say, tick and write.
六年级上册	Make and write, think and write, stick and write.
六年级下册	Think and write, write about your school.

（1）凸显了技能的整合性。多个年级都强调写作与口语、阅读与写作之间的相互促进作用。对于写作与口语的整合，学生在完成写作任务后，通过口语表达来进一步巩固和阐述所写内容，这不仅有助于提高口语表达的准确性和流畅性，还增强了学生的书面语与口语之间的转换能力。对于阅读与写作的整合，阅读丰富了学生的词汇和句型，为写作提供了表达工具；而写作则促使学生将阅读过程中的语言知识积累内化为自身的表达，从而可以加深对阅读内容的理解。

（2）展现了形式的多样性。为了适应小学生的学习特点并激发他们的学习兴趣，教材在多个年级中设计了"Draw and write"或"Stick and write"等图文结合的活动。这些活动不仅降低了写作难度，还通过视觉元素的引入，增加了学习的趣味性。此外，"Think and write"活动贯穿多个年级，如三年级下册、四年级上册、五年级上册、五年级下册、六年级上册、六年级下册均有设置。这种写与思的结合有利于学生在写作前对内容进行构思，使写作更有条理，进而培养学生的逻辑思维能力。

（3）体现了内容的渐进性。随着学生从三年级升至六年级，写作活动的难度和要求逐步提升。在三年级，写作活动主要以简单的字母描摹和基础的写与说、画与写为主。随着年级的提高，写作活动内容变得更加丰富，例如在四年级和五年级引入了"Read and write"和"Make and write"等形式。到了六年级，教材则提供了更具鲜明主题性的写作活动，如"Write about your school"。这不仅体现了教材对学生写作能力培养的渐进性，也符合学生的认知发展规律和语言学习规律。通过这种逐步提升难度的方式，教材有效地支持了学生写作技能的持续发展。

对照表8-1发现，沪教版小学英语教材（三年级起点）覆盖了字母、单词、句子及语段等不同层次的写作，以及满足了结合图片、语境等方式进行写作的技能内容要求。

另外，译林版小学英语教材（三年级起）（2012年版）也具有多样性、整合性和循序渐进的特点。根据表8-2，从活动类型来看，此教材涵盖了Letter trace，Read and write，Count and write，Look and write，Think and write，Draw and write，Write and say，Make and write，Choose and write九类写作活动。具体来看，每个年级的活动类型都各有特色，且数量分布合理。例如，三年级上册主要围绕Letter trace展开，帮助学生掌握字母的书写技巧；而到了六年级上册，则增加了Make and write，Choose and write等更富有创意和自主性的活动类型，旨在提升学生的写作能力和思维水平。

在整合性方面，该教材将写作与读、说、看等语言技能进行了有机整合。例如，Read and write 活动要求学生先阅读后写作，这既锻炼了学生的阅读能力，又提升了他们的写作水平。同时，Look and write，Think and write 等活动则强调了观察、思考和写作的结合，使学生在写作过程中能够运用所学知识进行创造性表达。此外，教材中还融入了画画、手工制作等形式，进一步丰富了写作活动的内涵，使学生的学习过程更加生动有趣。

在循序渐进方面，从三年级上册到六年级下册，每个年级的写作活动的数量逐渐增加，难度也逐渐提升（见表 8-3）。例如，三年级上册主要进行字母书写的基础训练（Letter trace），数量为 10 个；而到了六年级上册，则增加了更多种类的写作活动（如 Read and write，Think and write，Choose and write 等），且每个活动的复杂度和挑战性都有所提升，总数达到 18 个。这种循序渐进的设计，符合学生的认知发展规律和语言学习的特点，有助于他们在不断地学习中逐渐提高写作水平。

表 8-3　译林版小学英语（三年级起）写作活动统计

年级	写作活动（Module 1-8）	类型	数量（占比）
三年级上册	Letter trace	1	10（13.7%）
三年级下册	Read and write	1	4（5.4%）
四年级上册	Count and write, look and write	2	2（2.7%）
四年级下册	Think and write, draw and write, read and write	3	4（5.4%）
五年级上册	Look and write, write and say, think and write, draw and write	4	12（16.4%）
五年级下册	Look and write, think and write, draw and write, write and say	4	10（13.7%）
六年级下册	Read and write, think and write, write and say, look and write, make and write, choose and write	6	18（24.7%）
六年级下册	Look and write, think and write, read and write	3	13（17.8%）
总数		24	73

相较于译林版小学英语教材，外研版小学英语教材（三年级起点）（2012 年版）在写作活动的形式相单一，但也体现了整合性与渐进性的特点。具体而言，该版教材在三年级下册引入了字母与单词描摹活动作为写

作训练的初步阶段，而四年级则未安排任何写作活动。进入五年级后，写作活动逐渐增多，其中五年级上册大部分模块的第二单元均设计了一个写作活动，如 Write and act，Do and write 以及 Look and write，五年级下册则进一步增强，每个模块的每个单元几乎都设计一个写作活动，如 Look and write，Talk and write，Write and say，Do and write 等。到了六年级，写作活动的种类与复杂度均有所提升，六年级上册新增了 Choose and write，Ask and write 等活动，而六年级下册则设置了"Listen，choose and write""Look，listen and write""Write，read and do""Do，write and say"等更多元化的写作活动。然而，值得注意的是，2024 年版外研版小学英语教材（三年级起点）在写作活动的设计上发生了显著变化。在该版教材中，三年级上册的每个单元在 Speed up 板块均设计了一个写作活动，如 Look and write，Draw and write，Read and write 等。这一调整丰富了写作活动的形式，体现了教材编写者对于写作教学重要性的重新认识。

8.3 教材写作教学资源的功能与价值挖掘

在现行小学英语教材中，写作活动是写作教学的核心素材。教师可以从以下三个方面挖掘写作活动的功能与价值。

（1）写作教学的时机。从写作活动的编排顺序看，各版本教材中大部分的写作活动基本都位于每个单元或模块的末尾部分，只有少部分位于其中间。从每个单元或模块语言技能训练的先后顺序看，在三年级和四年级，大部分写作活动置于阅读之后，而五年级和六年级，个别写作活动还位于听说之后。写作是一种难度较高的语言输出活动，这种编排顺序符合学生的语言发展规律。在译林版教材中，大部分写作活动都位于每个单元的复习板块（Checkout time）；在沪教版教材中，大部分写作是每个单元的最后第二或第三个活动，位于语音（Learn the sounds）和文化板块（culture corner）之前；在外研版教材中，所有写作活动都编排在每个模块第二单元中的阅读之后。因此，根据这样的编排顺序，写作教学主要与复习结合在一起，放在每个单元或模块的最后一个课时。

（2）写作活动的意图。在小学阶段，写作内容从字母与单词的书写开始，逐渐过渡到句子和段落的写作。那么，在挖掘写作活动意图时，教师首先需要根据写作活动确定写作教学内容。在此基础上，教师要进一步思考写作活动所蕴含的设计理念。例如，在外研版小学英语（2024 年版）三年级上册第五单元 We're familiy 中的加速前进板块（Speed up），阅读语篇是一个配图故事，其标题是 Family helps。该故事讲述了 Jiajia 和家人们的温馨经历。在这个故事中，Jiajia 以第一人称介绍了她的家庭成员，包括爷爷、奶奶、爸爸、妈妈和姐姐。当 Jiajia 的小狗 Lucky 突然叼走了她的帽子时，全家人都伸出援手。最终，在大家的共同努力下，小狗被捉住，帽子也被安全取回。Jiajia 和她的姐姐一起兴奋地喊出了"太棒了"。这个板块共有三个活动，活动一是阅读并回答问题"How many people are in the story?"，活动二是 Look and write（见图 8-1），活动三是小组复述故事。其中，在活动二中，写作内容是单词的描摹，同时其写作技能与"看"的技能整合在了一起。语言技能中的"看"通常指利用多模态语篇中的图片、表格、动画、符号以及视频等理解意义的技能。在此活动中，学生首先需要观察与理解图片中的基本信息，然后在对应的四线三格中描摹家庭成员的名称。从活动设计理念的角度来看，这不仅仅是让学生描摹单词，规范书写，还为了帮助学生构建在语篇中运用词汇进行交流与表达的意识。因此，在单词描摹之后，学生还可以在教师的引导下，以结对子的方式，进行口头练习。综上所述，活动二充分体现了课标所提倡的"理解性技能和表达性技能在语言学习过程中相辅相成、相互促进"的教学理念。

图 8-1　Speed up 板块写作活动

（3）写作的评价反馈。在小学英语中，写作活动也是教师开展形成性评价的关键素材来源。教师可以通过学生的写作作品，及时了解学生在语言知识（词汇、语法）、语言技能（书面表达）、思维能力（逻辑、创新）等多个维度的学习进展。例如，教师可依据学生写作中词汇与句式运用的准确性来评判其词汇掌握程度。若学生在描述物体时能正确使用诸如 big，small，red 等基础词汇，可表明其具备一定的词汇储备。同时，教师通过分析句子结构的完整性与合理性，包括是否正确运用"This is ..." "I'm ..."等基本句式，来评价语法运用水平。若学生频繁出现如将"He is ..."误写为"He are ..."这类时态错误，教师可即刻察觉学生在该语法知识点上存在学习障碍。此外，通过写作活动过程，教师还能对学生的学习习惯与策略进行评价。比如，观察学生在写作过程中的专注程度，如果部分学生写作时神情专注，口中念念有词，这便体现出他们积极思考的状态。同时，学生在面对写作困难时所展现出的应对策略也有所不同。一部分学生在遇到生词时，会主动查阅配有插图的英语词典以寻求解决方法；而另一部分学生可能会出现停滞不前或随意书写的情况。这些结果有助于教师全面洞察学生的学习习惯与态度，进而为小学英语写作教学的优化提供有力依据。

8.4 课堂非教材写作教学资源的合理使用

三阶段写作教学法（Three-stage for teaching writing）是我国中小学写作课堂常见的教学途径，这三个阶段是写作前、写作中和写作后。《2011版义教课标》附录 8 中写作技能的教学建议列举了写作三阶段的主要教学活动（见表 8-4）。下面围绕这三个阶段的主要活动，讨论写作教学资源的选择与使用。

表 8-4 主要教学活动举例（一、二级）

写前活动	写中活动	写后活动
·激发兴趣； ·激活相关信息； ·确定目的； ·确定要点； ·搜集材料； ·熟悉相关语言	·根据提示填空完成语句； ·仿写语句； ·口头说句； ·看图写话； ·听写； ·检查语句； ·观察、临摹字母书写	·展示作品； ·小组交流； ·制作板报、墙报

8.4.1　写作前的教学资源使用

在导入环节，教师应致力于激发学生的写作热情，并为他们提供写作的思路。本质上，写作是一种意义表达的交际活动，若缺乏交际的对象，便失去了交流的基础，学生也就难以产生交际的意愿和写作的动力，这将导致他们陷入"为了写作而写作"的困境。因此，教师首先需要向学生明确提出真实的交际写作任务，使学生能够在具体的情境和任务驱动下进行写作。在设计写作任务时，教师应充分考虑学生的内部资源，尤其是他们的生活经验和当前的语言水平。教师通过引导学生围绕自己经历的事件或熟悉的话题进行撰写，以提高他们的参与度和兴趣。同时，教师需要根据学生的语言能力来调整任务的难度，确保这些任务既能激发学生的挑战欲，又不会让他们产生过度挫败感。

在宣布写作任务之后，教师需要为学生提供充足的写作准备方面的支持。这包括帮助学生激活与任务相关的背景知识、明确写作要点、收集必要的资料，以及确保学生对所需使用的语言结构和词汇有充分的准备。在写作准备过程中，教师可以提供图片、歌曲或实物等教学资源，或从教材中某一对话或阅读文本开始，引导学生围绕写作任务进行讨论。在讨论过程中，教师要逐步激活相关背景知识，明确写作要点，搜集相关的写作素材，同时熟悉相关语言。在此基础上，教师可以借助范文来展示如何组织段落和构建写作框架，从而帮助学生理解写作的逻辑顺序和组织结构。同时，教师通过分析范文中的核心词汇与句式如何准确清晰地表达意义，帮助学生构建自己的句子。此外，教师还可以引导学生讨论和识别范文中的连贯和衔接元素，如逻辑连接词、语义关联和过渡句等，进而让学生在自己的写作中模仿运用，以此确保写作过程顺畅无阻。

8.4.2　写作中的教学资源使用

在小学低段与中段，学生需要根据图片或语境，仿写简单的句子。根据这一要求，教师可以参考表 8-4 设计简单的写作任务。例如，学生可以仿照范例，看图写话，见图 8-2。

This is a cat.   This is a monkey.

It's my pet.   _____

Her name is Lylie.   _____

She likes fish.   _____

I like her very much.   _____

图 8-2 仿写范例

在设计句子写作任务时，教师也可以参考国内外的一些写作教学资源，如美国 Evan-Moor 教育出版社出版的"Write a super sentence"。该写作教学资源有很多句子写作案例，同时还配有线上教学指导。例如，其中一个活动为"A child played."，教师引导学生参考提供的单词和短语，并给予他们充足的时间来填写句子组织器（见表 8-5），在学习单上写出尽可能多的句子（见表 8-6）。在此过程中，教师巡视课堂，审阅学生所写句子，并提供即时反馈。最终，教师可邀请学生大声朗读他们的句子，以增强他们的表达能力。

表 8-5 Super sentence organizer

	describing (adjective)	who or what? (noun)	did what? (verb)	where?	when?
A		child	played		

表 8-6 Suggested words and phrases

describing words	who or what?	did what?	where?	when?
naughty	tot	bounced the ball	to the trough	around
healthy	lad	teased	in the mud	last Saturday
merry	lass	her friend	by the fence	before lunch
embarrassed	toddler	hid	near the barn	early this afternoon
exhausted	infant	hurried	behind its ear	In the middle of summer

　　在小学高段，学生需要模仿范文的结构和内容写出几句意思连贯的话，并尝试使用描述性词语添加细节，使内容丰富、生动。这样的写作需要一个规划的过程，需要给学生足够的构思时间，把写前活动的内容转化为信息输出。在写作中，如果没有这一思维过程，学生写作时就会记流水账，句子之间缺乏逻辑，进而达不到训练写作能力的目的。因此，写作提纲的构建显得尤为重要，它能够指导学生如何有序地组织和展开写作。在帮助学生构建写作提纲的过程中，教师可以借助多种工具和手段，如思维导图或信息结构图，引导学生通过自主与合作相结合的方式，将写作要点、写作素材、相关语言整合在一起，使之结构化，进而完成提纲的撰写。

　　除列出提纲以外，教师也可以根据写作任务的需要，设计几个小任务，从准确性练习开始，搭建支架，逐步过渡到自由写作。在通常情况下，准确性练习涉及填空（gap fill）、句子排序（reordering sentences）、用适当的连接词组合句子（combining sentences with appropriate linking words）、主题句与段落匹配（matching topic sentences with paragraphs）、重写文本（rewriting texts）等。这些练习的目的是提升学生连接句子、选择适当语言和组织文本结构的写作技能。自由写作活动既可以采取个人独立写作的形式，也可以通过小组合作的方式进行，比如拼图式写作。在拼图式写作活动中，每个小组成员负责撰写作品的不同部分，随后将各部分组合成一个连贯完整的文本。这种活动是一种典型的合作写作形式，它要求学生在写作过程中进行有效沟通、协调和协作。不论学生是进行个人写作还是参与合作写作，教师在写作过程中的巡视至关重要。教师能够借助巡视，给予及时反馈和指导，帮助学生解决写作中遇到的问题，从而提升他们的写作技能。从自由写作活动的组织来看，学生资源和教师资源均发挥着至关重要的作用。特别是在小组合作写作中，学生不同的背景、经验和知识能为写作活动提供了丰富的素材。学生之间的互动可以促进思想的交流和观点的碰撞，拓展写作的深度和广度。与此同时，教师通过对学生写作的及时反馈，可以帮助学生认识到自己的优势和需要改进的地方。

8.4.3　写作后的教学资源使用

　　写作后活动是写作教学中的重要环节，它不仅有助于学生对写作技能进行反思与提升，还促进了学生之间的交流与合作。具体来说，教师可以利用多媒体课件或学习单展示详细的写作评价量表，指导学生如何进行有效的互评。在同伴互评环节，学生可以相互阅读并根据评价量表提供具体的反馈，这有助于他们更加客观地看待自己的作品，并从中学习。这种互动不仅能够增强学生之间的协作意识，还能够拓展他们的思维。完成同伴互评和小组交流环节之后，教师应邀请学生代表在课堂上展示各自的作品。除课堂展示以外，教师也可以利用班级墙报、学校公告板或者在线平台分享优秀作品。这样的展示不仅为学生提供了一个分享自己作品的机会，也增进了学生之间的互动，促进了彼此的学习。在这一过程中，教师应扮演引导者和协调者的角色，确保活动顺利进行，并及时解决出现的问题。教师还可以利用这个机会进行总结讲评，指出普遍存在的问题和值得表扬的地方，以帮助学生在未来的写作中不断进步。总之，有效的写作后的活动需要多方面的资源支持，包括学生资源、教师资源、多媒体课件以及适当的时间和空间资源。这些资源的整合和运用，对于提升学生的写作能力、改善学习体验具有至关重要的意义。

8.5　小学英语写作课堂教学资源优化整合的案例分析

在当前小学英语教学实践中，单一的写作课较为少见，而整合阅读与写作技能的读写课则更为普遍。基于"以读促写"的教学理念，教师通常会引导学生阅读相关范文，随后学生模仿范文进行写作练习。这种整合意在借助阅读理解推动写作技能的提升，着重突出阅读材料对写作能力所产生的积极作用。从教学资源角度出发，范文是写作活动的一个重要教学资源。通过模仿范文，学生能够学习到语言结构、词汇使用以及表达方式，从而在写作中更有效地运用这些语言要素。本案例选自浙江省温州市实验中学附属小学林陈霜老师的一节小学英语读写课。

8.5.1　案例背景

本节课选自人教版小学英语六年级下册（三年级起点）第四单元 Then and Now B 部分 Read and Write 板块。此板块的核心教学资源包含范文"What a dream!"以及一系列相关的写作准备与写作活动。其中，写作准备活动涵盖"Tell your partner." "Number the pictures." "Listen and fill in the blanks.", 写作活动则为 "Did you have an interesting dream? Tell your dream to your partner. Then write several sentences about it."。

该板块借助范文 "What a Dream!" 中 Wu Binbin 的梦境故事切入主题。在故事里，Wu Binbin 在梦中与父亲和小狗 Max 赛跑，却遭遇跑不快的困境，由此产生担忧的情绪。随后，Robin 为其提供了"神奇水"，使其恢复了奔跑能力。在第二场有动物参与的比赛中，他跑得像猎豹一样快，但最终摔倒并醒来，从而意识到整个过程皆为梦境。从语篇的文本特征、内容架构与语言特色层面出发，此范文共分三段，依次对第一场比赛、获得 Robin 帮助以及第二场比赛展开介绍，整体结构明晰。其中，第一段与第三段均涉及 Wu Binbin 参与跑步比赛的关键信息（如参赛人员、跑步速度以及个人感受），而第二段聚焦其获取帮助的具体情节。整个故事运用了很多高频词（动词）的过去式，诸如 had，was，were，said，could 等，同时包含诸多描述情绪与动作的词汇，如 worried，drank，fell，tripped，woke，felt 等，这些词汇帮助读者更好地理解 Wu Binbin 在梦境中的经历。从范文的写作意图考量，通过呈现主人公在两场不同比赛中的表现差异，教师可以引导学生思考与反思在现实生活中提升速度的有效策略，从而领悟到"熟能生巧"这一普遍适用真理。这一道理不仅适用于体育竞技，也适用于语言学习等其他领域，而持续且具明确目的的练习乃是提升效率与速度的核心要素。

在写作准备活动中，"Tell your partner" 围绕 "What animal can run very fast? What makes you feel worried?" 两个关键问题展开，旨在回顾与赛跑这一话题相关的已学内容。"Number the pictures" 呈现了三张图片，分别与范文的三个关键信息相对应，其中第一幅图展现了 Wu Binbin 超越猎豹的速度表现，第二幅图描绘了 Wu Binbin 与父亲和小狗 Max 赛跑且速度迟缓的场景，第三幅图呈现了 Wu Binbin 摔倒的瞬间。"Listen and fill in the blanks" 活动则是 Wu Binbin 向母亲讲述他的梦，通过填空的形式，学生可以练习听力和语言输出。此活动要求学生根据范文内容，填写适当的词汇来完成对话，这有助于学生理解和运用与梦境和情绪表达相关的词汇和句型。

本板块的最后一个活动是写作任务，旨在引导学生通过几个句子来描述自己的梦境。该活动提供了一个结构框架，其中包括了开头、主体和结尾的示例。具体来说，开头部分 "I had a dream last night" 描述了梦境的时间，主体部分给出了描述的起点"In my dream, I ..."，而结尾部分则以"What a dream!"来表达对梦境的感受。这种结构框架与范文结构完全一致，这有助于学生模仿范文介绍自己梦境中的故事内容。

本节课是一节"以读促写、读写融合发展"的读写课，让阅读为写作任务的完成提供助力。因此，授课教师围绕范文阅读与写作任务，设计了以下三个教学目标：

（1）通过阅读，获取并梳理 Wu Binbin 梦的基本信息（时间、地点、人物、事件、感受），理解文本内容，形成知识结构图；

（2）基于知识结构图复述 Wu Binbin 的梦，并将短文转化为对话，内化语言知识，深入理解"熟能生巧"这一语篇主题意义；

（3）借助知识结构图，模仿范文，用连贯的几句话写出自己的"梦"，增强"熟能生巧"的意识。

8.5.2　写作教学资源优化配置的结构特点

教室的物理布局和设施配备对于促进学生英语学习有着重要的作用。在本节课中，从教室布局看，教室前方装备了一块电子白板，课前展示了本课课题"PEP8 U4 B Read and Write"。紧邻电子白板的是一块移动黑板，教师在课前将课题名称粘贴其上，在讲台上，教师还准备了重点词汇与句式的黑板贴。除这些教学工具外，教室还配备了现代化的教学设施，比如空调以维持舒适的室内温度，电视和投影仪以支持多媒体教学材料的展示。以下为本节课的教学过程，它包括三个阶段。在第一阶段"教师的梦"，教师通过创设主题情境，讲述自己梦见在"单词拼写大赛"中遭遇失败的故事，激活学生已有知识，顺势引入话题，为读写活动的开展奠定基础。在第二阶段"Wu Binbin 的梦"，教师采用整体和分段阅读的方式，引导学生理解文本主旨的大意与细节，并通过听音填空和复述的方式帮助学生进一步内化语言。在第三阶段"自己的梦"，在教师的引导下，学生探讨文本的主题意义，并谈论与书写自己做过的梦。写作课教学活动及教学资源见表 8-7。

表 8-7　写作课教学活动及教学资源

步骤	教学活动	教学资源
谈论 "教师的梦"（4 分钟）		
Activity 1 Look and say （3 分钟）	1. 利用课件创设情境，告知学生自己昨晚一个别样的梦 "单词拼写大赛"。在比赛中，教师就像一只忙碌的 "spelling bee" 需要说出动词的过去式。 2. 利用课件呈现 Is，drink tea，read a book，让学生说出动词相应的过去式。 3. 利用课件呈现范文中的核心动词 wake，trip，feel，think，give 以及核心句式 "There was nothing I could do. I was so worried."	· 多媒体课件 · 教师经历
Activity 2 Think and say （1 分钟）	1. 让学生谈谈他们对这个梦的看法，如 funny，sad，interesting 等。 2. 在黑板上贴感叹句 "What a dream！"	· 多媒体课件 · 黑板 · 词汇贴
研读 "Wu Binbin 的梦"（21 分钟）		
Activity 1 Think and ask （1 分钟）	1. 呈现范文插图，引出话题 "Wu Binbin 的梦"。 T：This is our friend, Wu Binbin. He also had a dream last night（在黑板上贴 last night）. This is about "When did he have the dream?"（在 last night 前贴上 when）. 2. 引导学生基于插图和自己的经历，提出关于这个梦的其他问题，包括梦发生的时间、地点、梦中的人物、梦境的内容以及 Wu Binbin 在梦中的感受。 3. 根据学生的回答，将其他的疑问代词张贴在黑板上，如 where，who，what，how	· 多媒体课件 · 黑板 · 词汇贴 · 学生经历
Activity 2 Read the text and answer （3 分钟）	1. 让学生阅读范文，并回答问题：What's his dream about? 2. 检查答案。在此基础上，利用学生已知的词汇 face 作为参照，帮助他们感知 race 的发音特点。同时，展示了两张与 race 相关的图片，以帮助学生进一步感知 race 的基本含义。 3. 引导学生说出范文中 Wu Binbin 参与比赛的数量，并询问他们是如何得知这一信息的，接着在课件中用红色下划线凸显了第一段和第三段的首句，最后在黑板上的 where 后贴上 1st race 和 2nd race.	· 多媒体课件（图片、文本） · 学生已有知识 · 词汇贴

表8-7（续）

步骤	教学活动	教学资源
Activity 3 Read para. 1 and answer （3分钟）	1. 利用多媒体呈现以下问题，并要求学生集体朗读："Who was in the race? What did Wu Binbin do? How did Wu Binbin feel?"。 2. 让学生快速阅读第一段，回答问题，提醒学生划出关键信息。 3. 核对答案，并将相应的答案张贴在黑板上。其中，当学生 Wu Binbin 跑不快时，让学生讨论："If Wu Binbin couldn't run fast, what could he do?"，由此引导学生进一步感知与理解句式"There was nothing he could do."。	·多媒体课件（音频、文本、图片等） ·词汇贴 ·黑板
Activity 4 Read para. 3 and answer （9分钟）	1. 学生快速阅读第三段，并根据教师提供的建议，将学习单上的四幅图片进行排序，然后把图片与相应的动词或动词短语连线。如下图所示： 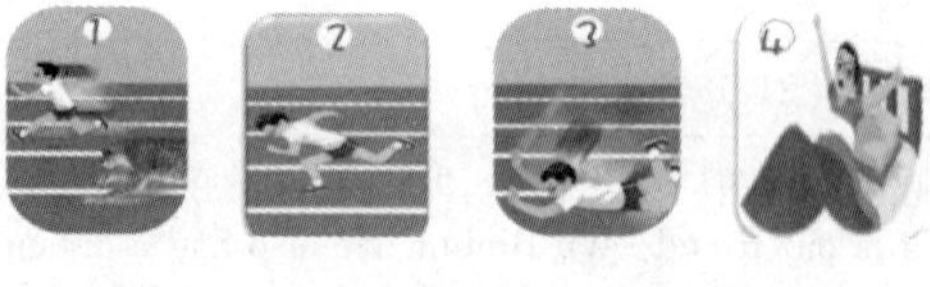 　　A. tripped　　B. ran like　　C. fell　　D. woke up 2. 核对每个答案后，让学生听音跟读动词短语，并要求学生注意连读，如 ran like a cheetah，woke up。 3. 教师朗读第三段，学生全体站起来表演。 4. 学生快速朗读第三段，并从文中勾画出以下三个问题的答案：Who was in the race? What did Wu Binbin do? How did Wu Binbin feel? 5. 学生四人一组，每个小组一个信封，里面装有问题的答案，完成学习单2（如下图）：学生 A 和 B 问以上三个问题，学生 C 回答，学生 D 找到相应的答案贴在学习单上。 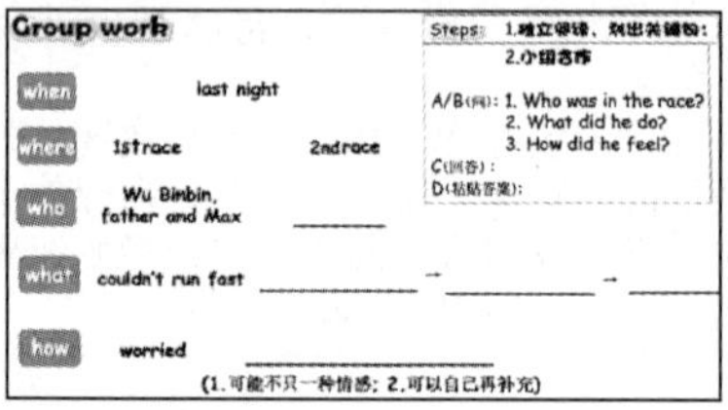 6. 检查答案，播放博尔特和猎豹模拟比赛的视频，引导学生谈论 Wu Binbin 的摔倒前后的感受	·多媒体课件（文本、图片等） ·信封 ·学习单

表8-7(续)

步骤	教学活动	教学资源
Activity 5 Read para. 2 and anwer	1. 学生快速阅读第二自然段,回答问题:Why could Wu Binbin run like a cheetah? 2. 检查答案,在黑板上贴上正确答案"Robin"。 3. 学生谈论 Wu Binbin 的感受	· 多媒体课件(文本、图片等) · 词汇贴
Activity 6 Retell, listen and complete	1. 借助板书,引导学生复述故事的主要内容。 2. 根据录音,完成 Wu Binbin 与妈妈的对话。 3. 让学生两人一组核对答案,然后要求个别学生向全班汇报答案	· 多媒体课件(文本、图片等) · 音频
交流"自己的梦"(10分钟)		
Activity 1 Think and say	1. 让学生评价 Wu Binbin 的梦, 2. 引导学生思考如何才能真正提升跑步的速度,提炼主题意义"熟能生巧"。 3. 基于"教师的梦",引导学生讨论问题的解决办法	· 多媒体课件(文本、图片等)
Activity 2 Think, write and share	1. 借助板书,总结介绍一个梦的内容要点(when, where, who, what, how)。 2. 提供写作框架和评价标准,让学生独立写几句话介绍自己的梦。 3. 让学生向全班分享自己的梦	· 板书 · 多媒体课件(文本、图片等)
Homework	一星作业"课后听读":听课文录音并大声朗读; 二星作业"写作润色":学生依据核查表进行自查修改,完善文章。 1. Listen to Wu Binbin's dream and read it aloud on Page 38. 2. Polish your writing according to the checklist.	· 多媒体课件(文本、图片等)

　　在本次授课过程中,教师对学生的内部资源与外部资源进行了选择与整合(见表8-8)。其中,内部资源主要包含学生的已有知识与生活经验,

比如基于熟词 face 感知新词 race 的读音，而自己做过梦的生活经验为写作活动提供了素材和背景知识。从外部资源来看，教师使用最为频繁的是多媒体课件，这些课件有机融合了范文文本、图片、音频和视频等，为学生提供了直观的学习材料。黑板和词汇贴作为传统的教学工具，用于展示课题题目、关键词汇和结构框架，辅助学生记忆和理解。学习单和信封作为活动的辅助素材，帮助学生组织和呈现信息。时间这一无形的条件性资源在写作教学中也起到了关键作用，教师通过合理安排时间，确保了各个教学环节的顺利进行。学生同伴资源在小组讨论和写作分享活动中得到了充分利用，促进了学生之间的交流和合作。在整个教学过程中，教师将上述各类资源进行了有机融合，以此促使学生真正投入学习，并推动教学活动的顺利开展。

表 8-8 读写课堂教学资源类型

步骤	内部资源	外部资源		
		非生命载体	生命载体	条件资源
写作前	已有知识经验 已有生活经验	·多媒体（16页） ·黑板板书 ·词汇贴（25张） ·学习单 ·信封 ·范文配图 ·范文音频	·教师 ·学生	·教室 ·空调 ·时间 ·轻松学习氛围
写作中		·多媒体（1页） ·黑板板书	·学生	
写作后		·评价标准 ·视频	·学生	

具体而言，在"谈论'教师的梦'"环节，教师首先通过多媒体创设情境"The 25th Annual Putnam County：Spelling Bee"，引出教师梦到在"单词拼写大赛"中遭遇失败的趣味故事，进而引导学生说出已学动词的过去式，同时让他们谈谈对"教师梦"的看法。在此环节，教师充分选择与整合了自身生活经验、学生的已有知识、多媒体课件、黑板以及词汇贴等多种教学资源，为后续阅读与写作活动的顺利开展奠定基础。

在"研读'Wu Binbin 的梦'"环节，教师首先引导学生利用故事插图和自身的生活经历，对文本内容进行提问，激发学生的阅读兴趣，同时培养学生的预测能力。在学生研读文本第一段和第三段时，教师利用多媒体呈现了三个核心问题"Who was in the race? What did Binbin do? How did Wu Binbin feel?"在核对答案时，教师呈现文本，并利用不同颜色的下划线、椭圆、方框等标注文本中的关键信息，进而帮助学生找出问题的答案。完成答案核对后，教师运用音频、视频、视频、学习单、信封等教学资源帮助学生将文本信息内化。在学生研读文本第二段时，教师利用多媒体呈现文本内容，并标注相关的关键信息。此外，在此环节中，教师还整合了黑板、词汇贴、时间等其他资源。

在"交流自己的梦"环节，教师通过板书引导学生总结写作要点，使用多媒体课件呈现写作评价维度，即"内容完整""语言丰富""书写规范"，每个维度1颗星，同时还呈现了一个结构框架。需要注意的是，教师对教材中的结构框架进行了调整。第一句话删掉了时间last night，学生可以根据自身实际情况填写相应时间；最后一句话之前增加了"Then I woke up. I was in bed."总而言之，在此环节，教师选择与整合了板书、多媒体、教材、词汇贴等教学资源，向学生提供完成写作任务所需的必要资源支持。

8.5.3　写作教学资源优化配置的效益分析

在本节课中，授课教师设计了三个教学目标：第一个教学目标侧重获取与梳理范文中Wu Binbin梦的基本信息，为写作做准备；第二个教学目标侧重通过复述Wu Binbin的梦和听音填空活动，进一步内化语言；第三个教学目标则是学生模仿范文，用连贯的几句话写出自己的"梦"。为达成这三个目标，教师使用了集范文文本、视频、音频与图片于一体的多媒体课件，以及词汇贴、黑板板书、学习单、教师自身经验等外部资源。同时，教师还考虑了学生的先验知识和生活经验等内在资源。从"以读促写"的理念出发，范文是最为重要的教学资源，其次是教材中的写作前准备活动以及学生已有知识和生活经验。因此，本小节重点探讨这三种教学资源在助力学生完成写作任务方面所产生的影响和效益。

（1）范文的资源配置效益。《2022版义教课标》在二级和二级+的语言技能内容中明确指出，学生应能够"模仿范文的结构和内容写几句意思连贯的话，并尝试使用描述性语言增添细节，以使内容丰富、生动"。在本节课的教学设计中，授课教师亦明确指出，学生能够围绕"梦"这一主题，运用一般过去时创编一个完整的语段，对学生来说存在一定困难。因此，教师需要提供图片和语篇结构要点，帮助提升学生的文本组织能力，降低写作难度。基于此，教师应深入挖掘范文中的写作素材（见图 8-3），并为写作活动做好充分的准备。通过这种方式，教师能够更有效地利用范文资源，以提高学生的写作技能和文本组织能力。

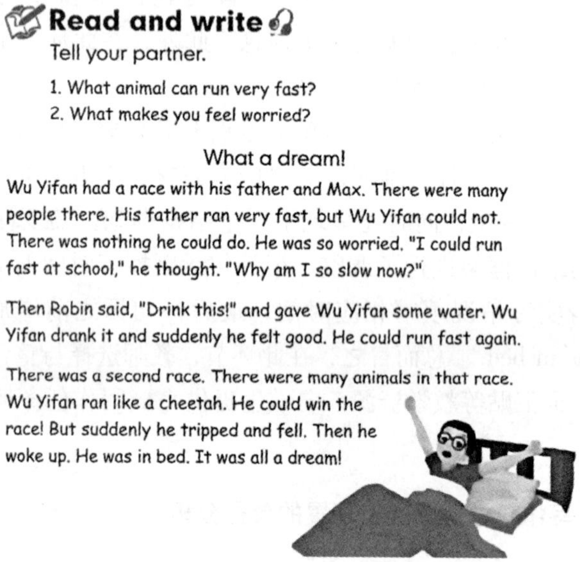

Read and write

Tell your partner.

1. What animal can run very fast?
2. What makes you feel worried?

What a dream!

Wu Yifan had a race with his father and Max. There were many people there. His father ran very fast, but Wu Yifan could not. There was nothing he could do. He was so worried. "I could run fast at school," he thought. "Why am I so slow now?"

Then Robin said, "Drink this!" and gave Wu Yifan some water. Wu Yifan drank it and suddenly he felt good. He could run fast again.

There was a second race. There were many animals in that race. Wu Yifan ran like a cheetah. He could win the race! But suddenly he tripped and fell. Then he woke up. He was in bed. It was all a dream!

图 8-3　What a dream **语篇**

在本节课的"研读 Wu Binbin 的梦"环节，教师用了 21 分钟的时间，开展了读前预测、理解主旨大意、获取与梳理细节信息等阅读理解活动，以及复述和听音填空等实践内化活动。通过这一系列循序渐进和相互关联的学习活动，学生能够深入理解文本内容，并深化对"熟能生巧"这一语篇主题意义的认识。然而，读写课中的"读"与纯粹阅读课中的"读"在本质上存在差异。在阅读课中，阅读的主要目的是帮助学生深入把握文本的基本内容、结构、语言特色及作者的写作意图，并在此过程中培养学生运用多种阅读策略，如略读、跳读、推断和词义猜测等。相比之下，读写课中的"读"是为了辅助写作而进行的。通过阅读范文，学生能够获取写作所需的素材，包括词汇、句型、内容要点和结构框架等。在本节课中，教师的焦点更多集中在阅读课中的"读"，而对于可用于学生介绍个人梦境的语言素材关注不足。这种倾向会致使学生在写作过程中缺乏个性化表达和创造性描述的能力。

在将"以读促写"这一教学理念付诸实践时,教师除关注内容要点(when,where,who,what,how)之外,还应围绕故事情节的发展(开始、发展、高潮和结局)设计与实施阅读活动,以促进学生撰写关于自己梦境的语段。在学生已经理解文本内容和结构的基础上,教师可以首先引导学生关注文本中的动词时态和人称使用。具体来说,文本主要采用了第三人称单数和一般过去时,而在描述梦中对话时,则转换为第一人称、第二人称和一般现在时。这种时态和人称的转换,对于学生理解文本和介绍自己的梦,具有重要的指导意义。随后,教师应进一步引导学生关注文本中可用于描述个人梦境的语言素材。例如,介绍梦中人物时可以使用句式"There were ...",描述梦中人物行为、思想和言语时可以使用句式"He did ...""He did ...""He could (not)...""I thought ...""He said ...",以及描述情绪时可以使用句式"He felt/was worried/good/..."。这些句式为学生提供了描述梦境的具体语言素材。最后,教师可以引导学生关注文本中的连接词,如but,then,and等,并根据学生的需求补充更多的连接词。通过这种细致的文本分析,教师能够为学生提供必要的语言和结构支持,帮助他们介绍自己的梦境。这种教学思路,不仅增强了学生对文本结构的理解,而且提高了他们运用语言开展创造性写作的能力。通过这种方式,教师能够有效地将阅读理解与写作技能的发展相结合,实现教学目标。

(2)教材写作准备性活动的配置效益。在教材中,教材编写者设计了相关的写作准备性活动。然而,在开展这些活动时,教师必须对其功能和价值进行审视。如果某些活动不能有效地服务于既定的写作任务,或者与教学目标不完全一致,教师则需要做出相应的取舍或调整。这种选择和调整的过程是基于对活动与写作任务之间关联性的评估,以确保教学活动能够最大限度地促进学生的写作技能的提升。通过这种方式,教师能够优化教材的使用,使其更加贴合学生的实际写作需求,从而提高教学效果。在本节中,教材主要提供了"Number the pictures"和"Listen and fill in the blanks"两个准备性活动。"Number the pictures"可以帮助学生理解文本内容,但"Listen and fill in the blanks"旨在帮助学生内化所学语言。在授课过程中,教师播放录音,学生根据录音填空(见图8-4)。具体师生互动如下:

T：Let's listen and fill in the blanks.

Ss：[Listen to the dialogue and fill in the blanks]

T：Have you finished? Now please read with your partners. Which pair can show us? Yes, you two.

Ss：［Pair performance］

T：Thank you. What a dream！

W: Mum, I had an interesting dream last night.
M: What did you dream about?
W: I had a race with <u>Dad and Max</u>. But I <u>couldn't run fast</u>.
M: What happened then?
W: Robin <u>gave</u> me some water. I drank it and then <u>could</u>
   <u>run like a cheetah</u> Suddenly I <u>tripped and fell</u>
   Then I woke up.
M: What a dream!

图 8-4　听音填空

在本教学片段中，学生被要求填写的语言包括是 had，couldn't run fast，gave 和 drank。然而，仅通过听音填空的方式进行练习，对于帮助学生顺利完成写作任务的贡献极其有限。分析该对话内容可以发现，对话是以第一人称的视角进行的。因此，若将此对话转化为句子排序练习，并在其中融入适当的连接词，将更有助于学生在介绍自己的梦境时，构建连贯且逻辑性强的语段。具体而言，通过句子排序活动（见图 8-5），学生不仅能够锻炼词汇运用能力，还能学会如何构建句子和段落，这对提升写作技能而言意义重大。同时，增加连接词的使用能够教会学生如何在句子之间建立联系，从而提高文本的连贯性。这样的设计思路能够更有效地介绍个人梦的故事。

（　　）I had an interesting dream last night. Dad, Max and I were in a race.
（　　）And that's when I woke up. It was just a dream.
（　　）But then, I tripped and fell.
（　　）But I was slow. I was unhappy because I usually run fast at school.
（　　）I thought, "Why can't I run fast now?"
（　　）I could run very fast, like a cheetah. I thought I would win.
（　　）Then, Robin came over and said, "Drink this!" He gave me some water.
（　　）After I drank it, I felt great.

图 8-5　句子排序

（3）学生已有知识与生活经验的资源配置效益。在教学设计中的学情分析环节，授课教师明确指出，学生已经掌握一定数量的动词过去式，并能运用一般过去时来叙述和描述过去发生的事件。这充分体现了教师对学生内部资源的重视。具体来说，在谈论教师之梦的教学环节中，授课教师利用多媒体技术创设了"单词拼写大赛"这个情境，并复习了 is，are，do，can't，listen，watch，play，see，go，drink 等动词的过去式。在"研读 Wu Binbin 的梦"环节，教师利用多媒体展示了问题链"Who was in the race? What did Wu Binbin do? How did Wu Binbin feel"（见图 8-6），并引导学生使用一般过去时谈论 Wu Binbin 的梦。这种教学资源的整合运用，为学生提供了一个坚实的语言时态框架，使他们能够更加自信地运用一般过去时分享自己的梦境。

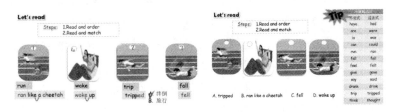

图 8-6　动词过去式

除已有知识经验外，在构建以"梦"为主题的语段时，学生的生活经验也是一个不可或缺的教学资源。在教学设计中的学情分析环节，教师也提到，几乎所有学生都有参与跑步竞赛的经历，并且对"梦"这一话题表现出浓厚的兴趣，愿意分享个人的梦境体验。然而，在实际教学中，在引导学生深入研读范文后，教师直接让学生用几句话写出他们自己的"梦"。在写作过程中，学生可能会遇到难以准确回忆梦境细节的挑战。因此，教学设计需要融入到这一挑战，并提供相应的资源来帮助学生回忆梦境细节。例如，通过提问引导学生回忆，并开展小组讨论，唤起学生关于梦境的记忆。或者，给学生提供一些常见的梦境案例，以便在写作时有具体的素材可以参考。

为了有效地设计写作教学目标和活动，教师需要深入理解并全面把握课标关于写作技能的具体要求，以及教材中相应的写作教学内容。同时，在实施写作教学的过程中，教师不仅要充分开发与有效利用教材中的写作教学资源，还应当积极整合各种非教材教学资源，以促使写作教学活动的顺利开展以及写作教学目标的有效达成。

参考文献

［1］爱丽斯. 义务教育教科书·英语（三年级起点）［M］. 陈琳，译. 北京：外语教学与研究出版社，2014.

［2］卞金华. 基于语法意义理解与表达的整合式语法教学实践［J］. 中小学外语教学（中学篇），2020（2）：44-49.

［3］陈新忠. 谈指向促学的英语课程非教材教学资源的选择和利用［J］. 英语学习，2022（12）：4-7.

［4］陈则航，邹敏. 英语阅读教学设计［M］. 北京：外语教学与研究出版社，2022.

［5］程晓堂，周宇轩. 主题、话题、主题意义概念辨析［J］. 中小学外语教学（中学篇），2023（6）：1-5.

［6］程晓堂. 改什么？如何教？怎样考？义务教育英语课程标准（2022年版）解析［M］. 北京：外语教学与研究出版社，2022.

［7］程晓堂. 课程改革背景下英语课程资源的开发和使用：问题与建议［J］. 课程·教材·教法，2019（3）：96-101.

［8］顾明远. 教育大辞典：第7卷［M］. 上海：上海教育出版社，1990.

［9］郭宝仙. 英语课程资源开发与利用中的几个关键问题［J］. 中小学英语教学与研究，2011（10）：17-21.

［10］何锋，齐迅. 义务教育教科书·英语［M］. 2版. 南京：译林出版社，2013.

［11］何广铿. 英语教学法基础［M］. 广州：暨南大学出版社，2002.

［12］华研外语. 妙趣小学英语自然拼读［M］. 北京：世界图书出版公司，2022.

［13］纪斌. 整合资源优化小学英语课堂教学的实践研究［J］. 现代教育，2020（7）：61-62.

[14] 江世勇，邓鹏鸣. 给养理论视域下外语课堂学习机会的创设 [J]. 现代基础教育研究，2019，34（2）：6.

[15] 将京丽. 以英语学习活动观为指导的教学实践：价值、问题与建议 [J]. 中小学外语教学（中学篇），2022（8）：1-6.

[16] 教育部. 普通高中英语课程标准（2017版）[M]. 北京：人民教育出版社，2020.

[17] 教育部. 义务教育英语课程标准（2011版）[M]. 北京：北京师范大学出版社，2012.

[18] 教育部. 义务教育英语课程标准（2022版）[S]. 北京：北京师范大学出版社，2022.

[19] 李兰霞. 动态系统理论与第二语言发展 [J]. 外语教学与研究，2011，43（3）：409-421.

[20] 李艳. 优化课程资源彰显英语魅力：教学反思及观课心得阶段性总结 [J]. 基础教育论坛，2016（28）：59-61.

[21] 刘道义，何安平. 英语教学资源的开发、利用与评价. 南宁：广西教育出版社，2021.

[22] 鲁周焕. 游记类语篇的阅读教学实践和探究 [J]. 中小学外语教学（中学篇），2023（4）：44-49.

[23] 鲁子问. 英语教学论 [M]. 上海：华东师范大学出版社，2010.

[24] 罗晓杰，张璐，牟金江. 小学英语说课与试课视频课例 [M]. 上海：复旦大学出版社，2023.

[25] 骆凤娟，莫海文. 二语习得复杂性研究：复杂系统理论视角 [J]. 广西民族大学学报（哲学社会科学版），2017，39（1）：160-163.

[26] 梅德明，王蔷. 义务教育英语课程标准（2022年版）解读 [M]. 北京：北京师范大学出版社，2022.

[27] 孟雁君、赵书梅. 语法教学设计 [视频光盘]. 新课程初中英语课堂教学专题培训：知识教学 [M]. 北京：电化教育电子音像出版社，2012.

[28] 秦丽莉，戴炜栋. 二语习得社会文化理论框架下"生态化"任务型语言教学研究 [J]. 外语与外语教学，2013（2）：41-46.

[29] 秦丽莉. 二语习得社会文化理论概论 [M]. 北京：北京大学出版社，2017.

［30］盛群力，褚献华. 布鲁姆认知目标分类修订的二维框架［J］. 课程·教材·教法，2004（9）：90-96.

［31］施嘉平. 英语（牛津上海版）（试用本）［M］. 上海：上海教育出版社，2007.

［32］宋健楠. 动态系统理论视阈的第二语言词汇习得效果的多因素实证研究［J］. 洛阳师范学院学报，2013，32（1）：93-95.

［33］孙培青. 中国教育史［M］. 上海：华东师范大学出版社，2019.

［34］孙有中. 义务教育教科书·英语（三年级起点）（三年级上）［M］. 北京：外语教学与研究出版社，2024.

［35］田湘军. 田湘军自然拼读绘本课例［EB/OL］.（2021-10-05）［2025-01-15］.https：//mp.weixin.qq.com/s/dQ2MgJnLJ1T7Vgudwa2uWg.

［36］王蔷. 英语教学法教程［M］. 3版. 北京：高等教育出版社，2024.

［37］王蔷. 英语教学中语篇研读的意义与方法［J］. 外语教育研究前沿，2019（2）：40-47.

［38］王万娟. 浅析信息技术与小学英语课堂教学的有效整合［J］. 英语教师，2023（8）：121-124.

［39］王小宁. 多媒体基础英语教学中减少认知超载的实验研究［J］. 外语与外语教学，2008（8）：42-45.

［40］文秋芳. 二语习得重点问题研究［M］. 北京：外语教学与研究出版社，2010.

［41］吴刚平. 课程与教学论［M］. 上海：华东师范大学出版社，2022.

［42］吴刚平. 课程资源的理论构想［J］. 教育研究，2001（9）：59-63.

［43］吴红耘，皮连生. 学与教的心理学［M］. 6版. 上海：华东师范大学出版社，2019.

［44］吴文，李森. 社会文化视野下的生态语言教学观［J］. 山东外语教学，2009（6）：48-53.

［45］徐继存，段兆兵，陈琼. 论课程资源及其开发与利用［J］. 学科教育，2002（2）：1-5/26.

［46］徐锦芬. 关于基础教育阶段英语课程资源建设的思考［J］. 外语

学刊，2019（2）：64-67.

［47］徐泉，王婷. 英语教学技能训练教程［M］. 上海：上海外语教育出版社，2018.

［48］闫燕. 有效实施整合资源优化小学英语教学［J］. 小学教学研究，2018（15）：69-72.

［49］杨晓奇. 教学资源论［M］. 南京：南京师范大学，2014.

［50］英语课程教材研究开发中心. 义务教育教科书·英语（三年级起点）［M］. 北京：人民教育出版社，2013.

［51］张廷凯. 基于课程资源的有效教学研究［J］. 课程·教材·教法，2012（5）：3-7.

［52］张振虹，杨啸鸣. 动态系统理论框架下的二语习得实证研究述评［J］. 天津大学学报，2015，17（2）：156-161.

［53］章兼中，王武军，俞约法. 国外外语教学法主要流派［M］. 上海：华东师范大学出版社，1982.

［54］赵立影，吴庆麟. 基于认知负荷理论的复杂学习教学设计［J］. 电化教育研究，2010（4）：44-48.

［55］赵柳松，戴嘉子. 义务教育教科书·英语［M］. 上海：上海教育出版社，2012.

［56］周正荣，苏明生. Grammar Time 板块的教学案例评析与思考［J］. 中小学外语教学（小学篇），2016（11）：32-37.

［57］朱莉娅·唐纳森. 丽声拼读故事会（第四级）［M］. 董宇虹，译. 北京：外语教学研究出版社，2016.

［58］邹为诚. 英语课程标准研究与教材分析［M］. 北京：高等教育出版社，2017.

［59］左慧芳. 开发利用教材听力资源，提高学生听说读写技能［J］. 中小学英语教学研究，2009（5）：47-49.

［60］曾正平. 初中英语课堂非教材教学资源使用的问题与改进策略［J］. 中小学外语教学（中学篇），2024（5）：6-10.

［61］曾正平. 小学英语对话配图的分析及其应用［J］. 中小学英语教学与研究，2023（7）：35-40.

［62］曾正平. 小学英语教学目标的生态生成与制定原则［J］. 中小学英语教学与研究，2018（11）：2-4.

［63］ARONIN, LARISSA, DAVID SINGLETON. Multilingualism as a new linguistic dispensation ［J］. International Journal of Multilingualism, 2008, 5 (1): 1-16.

［64］CHOMSKY, NOAM. Syntactic structures ［M］. Berlin, New York: De Gruyter Mouton, 2002.

［65］CLARK, SCARINO, BROWNELL. Improving the quality of learning: a framework for target-oriented curriculum renewal in Hong Kong ［M］. Hong Kong: Government Printer, 1994.

［66］COOK. Visual Representation in Science Education: The influence of prior knowledge and cognitive load theory on instructional design principles ［J］. Science Education, 2006, 91 (6): 1073-1091.

［67］DE BOT, LOWIE W, VERSPOOR M. A dynamic systems theory approach to second language acquisition ［J］. Bilingualism: Language and Cognition, 2007, 10 (1): 7-21.

［68］EVAN MOOR. Write a super sentence ［M］. CA: Evan-Moor Educational Publishers, 2008.

［69］GARDNER. Frames of mind: The theory of multiple intelligences ［M］. New York: Basic Books, 1983.

［70］GAVER. Technology affordances ［A］. Robertson, Scott P, Olson, Gary M. and Judith S. (Eds.). Proceedings of the ACM CHI 91 Human Factors in Computing System Conference ［C］. New Orleans: Louisiana, 1991.

［71］GEYSER J. P. 英语教学法 ［M］. 上海: 上海外语教育出版社, 2013.

［72］GIBBONS. Scaffolding language, scaffolding learning: teaching english language learners in the mainstream classroom (Second Edition) ［M］. Portsmouth, NH: Heinemann, 2015.

［73］GIBSON. The ecological approach to visual perception ［M］. Hillsdale, NJ: Erbaum, 1979.

［74］HADFIEILD, CHARLES HADFIELD. Introduction to teaching English ［M］. Oxford University Press, 2009.

［75］Hadfield. Hidden resources in the language classroom teaching with nothing ［J］. Modern English Teacher, 2003, 12 (2): 31-37.

［76］Harmer. The practice of English language teaching（fifth edition）［M］. London：Person Education Limited，2015.

［77］HUNTER, CRISMORE, PEARSON. Visual displays in basal readers and social studies textbooks ［A］. Willows D. M, Houghton H. A（Eds.）. The Psychology of illustration. Vol Ⅱ. New York：Springer-Verylage，1987.

［78］JAMET, BOHEC O L. The effect of redundant text in multimedia instruction ［J］. Contemporary Educational Psychology，2007, 32（4）：588 - 598.

［79］KRESS G, VAN LEEUWEN T. Reading images：the grammar of visual design ［M］. London：Routledge，2006.

［80］LANTOLF. Second language learning as a meditational process ［J］. Language Teaching，2000（33）：79-96.

［81］LANTOLF. Sociocultural theory and second language development：State-of-the-art ［J］. Studies in Second Language Acquisition，2006（28）：67-109.

［82］LARSEN - FREEMAN, D. Chaos/Complexity science and second language acquisition ［J］. Applied Linguistics，1997（18）：141-165.

［83］MAGER, F. Robert. Preparing instructional objectives ［M］. Palo Alto, California：Fearon Press，1962.

［84］MCDONOUGH, et al. Materials and methods in ELT ［M］. 北京：北京大学出版社，2003.

［85］REY. A review of research and a meta-analysis of the seductive detail effect ［J］. Educational Research Review，2012, 7（3）：216-237.

［86］RICHARDS, THEODORE S. Rodgers. 语言教学的流派 ［M］. 3 版. 北京：外语教学与研究出版社，2024.

［87］Santrock, J. W. 教育心理学 ［M］. 2 版. 周冠英，王学成，译. 北京：世界图书出版公司，2007.

［88］SHELTER J, NEWSON J. An ecological approach to cognitive development：implicate orders, joint action and intentionality. In G. butterworth and P. Light（Eds.）. social cognition：studies of the development of understanding ［M］. Sussex：Harvester Press，1982.

［89］Silver R G. First graphic organizers：Reading ［M］. Jefferson：

Scholasitc Inc，2003.

［90］UR，PENNY. Grammar practice activities ［M］. Beijing：Foreign language teaching and research press，2009.

［91］VAN LIER L. The ecology and semiotics of language learning：A Social cultural Perspective ［M］. Boston：Kluwer Academic Publishers，2004.

［92］VAN MERRIENBOER J G，SWELLER J. Cognitive load theory and complex learning：recent developments and future directions ［J］. Educational Psychology Review，2005（17）：147-177.

［93］VANPATTEN，BENATI. 二语习得核心术语 ［M］. 2 版. 陈亚平，注. 北京：外语教学与研究出版社，2018.

［94］VYGOTSKY. Mind in society：The development of higher psychological process ［M］. Cambridge，MA：Harvard University Press，1978.

［95］WOOD，BRUNER，ROSS. The role of tutoring in problem solving ［J］. Journal of Child Psychology and Psychiatry，1976（2）：89-100.